2020년 사회복지사 1급 대비 수험서
smart
사회복지행정론

2020년 사회복지사 1급 대비 수험서

smart
사회복지
행정론

심상오 편저

사회복지사 1급!
합격의 길로
동영상 강의와 함께하는
12일 완성
Key Point!!

에듀파인더
[edufinder.kr]

2020년 사회복지사 1급 대비 수험서

smart
사회복지행정론

초판 인쇄   2019년 9월 20일
초판 발행   2019년 9월 25일

편저자   심상오
발행인   권윤삼
발행처   (주) 연암사

등록번호   제16-1283호
주소   서울특별시 마포구 양화로 156, 1609호
전화   (02)3142-7594
FAX   (02)3142-9784

ISBN 979-11-5558-053-0   14330
    979-11-5558-051-6   (전8권)

연암사의 책은 독자가 만듭니다.
독자 여러분들의 소중한 의견을 기다립니다.
트위터   @yeonamsa
이메일   yeonamsa@gmail.com

이 도서의 국립중앙도서관 출판시도서목록(CIP)은 서지정보유통지원시스템 홈페이지(http://seoji.nl.go.kr)와
국가자료공동목록시스템(http://www.nl.go.kr/kolisnet)에서 이용하실 수 있습니다.
(CIP제어번호: CIP2019035226)

머리말

우리나라도 급속한 산업화 · 정보화 · 저출산과 인구의 고령화 등 시대적 변화로 인해 다양하고 복잡한 사회문제들이 발생하고 있습니다. 특히, 1997년 말 IMF 외환위기 이후 선진국과의 무한경쟁을 위한 기업의 구조조정 과정에서 발생한 대량실업과 고용불안, 가족해체, 고착화되고 있는 저출산과 세계에서 가장 빠른 속도로 진행되고 있는 인구의 고령화 등에 따른 사회적 변화는 새로운 복지패러다임을 요구하고 있습니다.

최근에 부각되고 있는 아동 · 노인 · 장애인 · 여성 · 한부모가족 · 다문화가족의 문제 해결, 독거노인 · 빈곤층 대책과 복지사각지대의 근절, 그리고 보다 질 높은 복지서비스를 요구하는 국민들의 요구에 부응하기 위하여 사회복지사의 역할과 책임은 매우 중요하다고 하겠습니다.

이에 본서에서는 지난 10년간의 사회복지사 1급 기출문제들을 분석하여 단기간에 보다 효과적인 학습이 되도록 합격의 솔루션을 제시하였습니다. 하지만 합격여부는 오직 수험자의 마음자세와 효율적인 수험전략 여하에 달려 있습니다.

선발시험과 달리 자격시험은 선택과 집중이 중요합니다. 어려운 1~2과목은 과락이 되지 않도록 기출문제 중심으로 정리하고, 자신 있는 2~3개 과목은 고득점(80점)할 수 있도록 집중하면 합격(60점)은 무난히 할 수 있습니다.

「나만은 반드시 합격할 수 있다」는 강한 신념으로 얼마 남지 않은 기간 최선을 다하시기 바랍니다.

〈본 교재의 구성과 특징〉

• 수험생들이 전체적인 맥락에서 교과를 정리할 수 있도록 구성하였으며, 핵심정리

하기 및 참고하기 등을 통해 요점을 정리하였다.

- 2019년 8월말 현재까지 제정 및 개정된 법령을 반영하였으며, 출제경향을 파악할 수 있도록 최근 기출문제를 수록하여 최신의 정보를 적극 반영하였다.
- 매단원마다 출제빈도가 높았던 부분을 표시(★)하고, 혼돈되거나 틀리기 쉬운 부분도 밑줄로 표시(___)하여 최종정리 시 도움이 되도록 하였다.
- 혼자 학습하거나 공부시간이 절대적으로 부족한 수험생들이 효율적으로 정리할 수 있도록 분량을 최소화하도록 하였다.

[사회복지사 1급 자격제도 안내]

◆ 사회복지사

- 사회복지사 1급은 사회복지학 전공자, 일정한 교육과정 이수자, 사회복지사업 경력자로서 국가시험에 합격하여 보건복지부장관의 면허를 받은 자를 말한다.
- 사회보장급여의 이용·제공 및 수급권자 발굴에 관한 법률 제43조는 사회복지사업에 관한 업무를 담당하게 하기 위하여 시·도, 시·군·구 및 읍·면·동 등에 사회복지사 자격증을 가진 사회복지전담공무원을 두도록 규정하고 있다.
- 사회복지사는 사회복지 프로그램을 개발·운영하고 시설거주자의 생활지도를 하며 청소년, 노인, 여성, 장애인 등 복지대상자에 대한 보호·상담·후원업무를 담당한다.

◆ 사회복지사 자격의 특징

사회복지사의 자격증은 현재 1, 2급으로 나누어지며, 1급의 경우 일정한 학력과 경력을 요구하고 또한 국가시험을 합격하여야 자격증이 발급된다. 2급의 경우 일정 학점의 수업이수와 현장실습 등의 요건만 충족되면 무시험으로 자격증을 취득할 수 있다.

◆ 1급 시험 응시자격

〈대학원 졸업자〉

① 고등교육법에 따른 대학원에서 사회복지학 또는 사회사업학을 전공하고 석사학위 또는 박사학위를 취득한 자

② 다만, 대학에서 사회복지학 또는 사회사업학을 전공하지 아니하고 동 석사학위를 취득한 자는 보건복지부령이 정하는 사회복지학 전공교과목과 사회복지관련 교과목 중 사회복지 현장실습을 포함한 필수과목 6과목 이상(대학에서 이수한 교과목을 포함하되, 대학원에서 4과목이상을 이수하여야 한다), 선택과목 2과목 이상을 각각 이수하여야 한다.

〈대학 졸업자〉

① 고등교육법에 따른 대학에서 보건복지부령이 정하는 사회복지학 전공교과목과 사회복지 관련 교과목을 이수하고 학사학위를 취득한 자

② 법령에서 고등교육법에 따른 대학을 졸업한 자와 동등 이상의 학력이 있다고 인정하는 자로서 보건복지부령으로 정하는 사회복지학 전공교과목과 사회복지관련 교과목을 이수한 자

〈외국대학(원) 졸업자〉

외국의 대학 또는 대학원(단, 보건복지부장관이 인정한 대학 또는 대학원)에서 사회복지학 또는 사회사업학을 전공하고 학사학위 이상을 취득한 자로서 대학원 졸업자와 대학졸업자의 자격과 동등하다고 보건복지부장관이 인정하는 자

〈전문대학 졸업자〉

① 고등교육법에 의한 전문대학에서 보건복지부령이 정하는 사회복지학 전공교과목과 사회복지관련 교과목을 이수하고 졸업한 자로서 시험일 기준 1년 이상 사회복지사업의 실무경험이 있는 자

② 법령에서 고등교육법에 따른 전문대학을 졸업한 자와 동등 이상의 학력이 있다고 인정하는 자로서 보건복지부령이 정하는 사회복지학 전공교과목과 사회복지

관련 교과목을 이수한 자로서 시험일 기준 1년 이상 사회복지사업의 실무경험이 있는 자

〈사회복지사 양성교육과정 수료자〉
① 고등교육법에 따른 대학을 졸업하거나 이와 동등이상의 학력이 있는 자로서, 보건 복지부장관이 지정하는 교육훈련기관에서 12주 이상의 사회복지사업에 관한 교육 훈련을 이수한 자로서 시험일 기준 1년 이상 사회복지사업의 실무경험이 있는 자
② 사회복지사 3급 자격증 소지자로서 시험일을 기준으로 3년 이상 사회복지사업의 실무경험이 있는 자

◆ 응시 결격사유
금치산자 또는 한정치산자, 금고 이상의 형을 선고받고 그 집행이 끝나지 아니하였거 나 그 집행을 받지 아니하기로 확정되지 아니한 사람, 법원의 판결에 따라 자격이 상실 되거나 정지된 사람, 마약 · 대마 또는 향정신성의약품의 중독자는 응시할 수 없다.

◆ 시험방법

시험과목 수	문제 수	배점	총점	문제형식
3과목(8영역)	200문항	1점/1문제	200점	객관식 5지 선택형

◆ 시험과목

구분	시험과목	시험영역	시험시간
1교시	사회복지기초(50문항)	• 인간행동과 사회환경(25문항) • 사회복지조사론(25문항)	50분
2교시	사회복지실천(75문항)	• 사회복지실천론(25문항) • 사회복지실천기술론(25문항) • 지역사회복지론(25문항)	75분
3교시	사회복지정책과 제도(75문항)	• 사회복지정책론(25문항) • 사회복지행정론(25문항) • 사회복지법제론(25문항)	75분

◆ 합격 기준

① 매 과목 40점 이상, 전 과목 총점의 60% 이상을 득점한 자를 합격 예정자로 결정하며, 합격 예정자에 대해서는 한국사회복지사협회에서 응시자격 서류심사를 실시하며, 심사결과 부적격자이거나 응시자격서류를 정해진 기한 내에 제출하지 않은 경우에는 합격예정을 취소한다.
② 필기시험에 합격하고 응시자격 서류심사에 통과한 자를 최종합격자로 발표한다.

◆ 사회복지사 자격활용정보

• 사회복지사 1급 자격증 소지자는 시·도, 시·군·구, 읍·면·동 또는 사회복지 전담기구에 사회복지전담공무원으로 일할 수 있다. 또한 지역복지, 아동복지, 노인복지, 장애인복지, 모자복지 등의 민간 사회복지기관에 취업할 수 있다. 이 외에도 학교, 법무부 산하 교정시설, 군대, 기업체 등에서 사회복지사로 활동할 수 있으며 자원봉사활동관리 전문가로 활동할 수도 있다.

• 사회복지사 1급 자격증 소지자는 의료사회복지 또는 정신보건 분야에서 일정한 경력을 쌓으면 시험을 통해 의료사회복지사나 정신보건사회복지사 자격을 취득하여 해당분야의 전문사회복지사로 활동할 수 있다.

◆ 사회복지사 1급 자격증 관계도

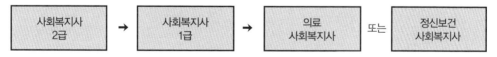

• 의료사회복지사

사회복지사 1급 자격소지자는 의료사회복지 실무경력 1년 이상, 또는 의료사회복지 연구 및 교육에 1년 이상의 경력을 가지고 있는 경우 의료사회복지사 자격시험에 응시할 수 있다.

- 정신보건사회복지사

① 사회복지사 1급 자격소지자는 보건복지부장관이 지정한 전문요원 수련기관에서 1년 이상 수련을 마치면 정신보건사회복지사 2급 자격증을 취득할 수 있다.

② 2급 정신보건사회복지사 자격 취득 후 정신보건시설, 보건소 또는 국가나 지방자치단체로부터 지역사회정신보건사업을 위탁받은 기관이나 단체에서 5년 이상 정신보건 분야의 임상실무경험을 쌓으면 정신보건사회복지사 1급 자격증을 취득할 수 있다.

- 사회복지사 2급

사회복지사 2급 자격소지자는 1년간의 실무경력을 갖추면 사회복지사 1급 자격시험에 응시할 수 있다.

시험시행 관련 문의

- 한국산업인력공단 HRD 고객센터: 1644-8000
- 한국사회복지사협회: 02) 786-0845

차 례

제24장 / 사회복지의 변화와 혁신 ——————

제1장
|
사회복지행정의 개념

1. 사회복지행정의 의의

1) 사회복지행정의 개요

① 국가의 사회복지정책을 골고루 펼치기 위한 정부·지방자치단체의 공행정(公行政)과 사회복지법인 및 시설 등을 효율적으로 운영하기 위한 사행정(私行政)도 포함됨

② 사회복지조직이 정해진 목표를 달성하기 위한 정책을 서비스로 전환시키는 총체적 활동과 조직을 표적체계에 개입하는 실천방법 등을 포함함

③ 사회복지행정의 주체는 국가나 공공단체 등 공공기관이 중심이나 민간부문도 중요한 역할을 함

④ 사회복지행정의 대상은 협의의 사회복지대상인 빈곤층이나 사회적 약자와 광의의 사회복지대상인 일반국민 전체도 포함

⑤ 사회보장제도를 중심으로 하는 정책적 분야와 사회복지행정의 조직 및 전달체계, 전문 인력, 재원 등을 중심으로 하는 관리기술 분야는 사회복지행정에서 다루어야 할 중요한 내용으로 사회복지에 관한 정책적 측면과 관리기술적 측면도 함께 고려

해야 함

2) 협의 및 광의의 사회복지행정

(1) 협의의 사회복지행정

① 사회사업조직의 구성원에게 계획된 개입을 하여 사회복지서비스를 촉진시키고 이를 잘 전달하는 과정이며, 사회사업행정, 사회복지행정, 사회행정이라고도 함

② 사회복지조직의 목표달성을 위해 관리자를 포함한 모든 조직 구성원에 의해 수행되는 상호의존적인 체계적 개입과정임

(2) 광의의 사회복지행정

① 일반적인 사회복지정책을 구체적인 사회복지서비스로 전환시키는 집행체계와 서비스전달의 기획, 지원, 관리를 통해 서비스를 간접적으로 전달하는 행정체계를 포함함

② 클라이언트 기능의 향상과 같은 사회사업적 기술보다는 관리 과업을 강조한 사회복지 조직에서의 총체적 활동과정임

3) 사회복지행정의 필요성 ★★

(1) 산업화, 도시화, 복잡화된 현대사회

산업화로 인한 사회변동은 빈곤, 의료, 주택 등의 다양한 사회문제를 야기하였으며, 이에 따라 사회 전체에 사회복지제도와 정책적인 개입이 필요하게 되었음

(2) 인간과 사회의 상호 연관성

인간은 사회적 체계와 관계 속에서 존재하고 인간 홀로 존재할 수 없으므로 지역사회 내 인적 · 물적 자원의 효율적인 활용은 합리적인 행정과정을 통해서 달성될 수 있음

(3) 재정의 효과성 및 효율성 향상

유한한 자원으로 클라이언트에게 필요한 서비스를 적절히 제공하고, 서비스의 효과성과 효율성을 높이기 위해서는 행정의 발달이 요구됨

4) 사회복지행정의 특성 ★★★

(1) 일반 행정과의 공통점

① 행정은 문제의 확인, 해결 가능한 계획의 개발, 계획의 수행, 효과성 평가 등을 포함하는 문제해결 과정임

② 행정은 상호 관련되고 상호작용하는 부분들이 모여서 이루어진 체계이며, 대안선택에 있어서 가치판단을 사용하며 미래와 관련되어 있음

③ 행정은 개인 및 집단이 좀 더 효과적으로 기능할 수 있도록 촉진시키는 과정으로 보다 창의적인 자원 활용으로 이루어지고 있음

④ 행정은 크건 작건 공의(Public Will)를 실행에 옮기는 것과 관련되어 있으며, 관리·운영의 객관화와 인적 자원의 활용 간에 적절한 균형을 유지함

⑤ 행정은 개개 조직원들의 지위와 인정뿐만 아니라 조직의 목표, 가치 및 방법에 조직원들이 적극적으로 일체감을 가질 필요성에도 관심을 가짐

⑥ 행정은 의사소통이나 조직원간 집단관계, 행정에의 참여 등도 주요한 영역임

(2) 일반 행정과의 차이점

① 사회복지조직은 지역사회와 밀접하게 연관되어 지역사회내의 욕구충족을 위해 존재하며 지역사회의 변화과정에 의해 많은 영향을 받음

② 사회복지조직은 인간의 도덕적 가치를 고려함으로써 목표달성의 효과성 및 효율성을 측정하는 데 어려움이 있음

③ 사회복지조직의 핵심활동은 직원과 클라이언트와 관계에서 이루어지는 활동이므로 이들 간 상호작용과 전달과정이 핵심이 됨

④ 사회복지조직에 의해 수행되는 서비스는 전문 사회사업적 성격을 가지며, 직원의 전문성에 크게 의존함

⑤ 사회복지행정은 인간의 가치와 관계성을 기반으로 하며, 조직의 크기·범위·구조·프로그램형태는 광범위하고 다양하며, 지역사회내의 인지된 욕구를 충족시키기 위해 존재함

⑥ 사회복지행정가는 조직의 내부운영을 지역사회와 관련시킬 책임을 가지고 있음

2. 사회복지행정의 이념

1) 사회복지행정이념의 의의
① 사회복지행정이 추구하는 최고의 가치와 정신을 의미함
② 사회서비스제공의 기준과 목표를 위해 클라이언트의 욕구를 명확히 파악해야 함
③ 사회복지서비스 전달과정에 있어서 행정적 측면에서 지향하고자 하는 정신과 실천적 방향을 의미함
④ 사회복지조직에서 책임성을 확보해 나가는 중요한 요소로서 작용함
⑤ 상호배타적인 것이 아니라 서로 연관되어 상승효과를 가져올 수 있도록 현실적으로 구체화시키는 노력이 중요함

2) 사회복지행정의 주요이념 ★★★
(1) 합법성(legitimacy)
① 사회복지행정은 규정된 법령의 절차에 따라 적법하게 이루어져야 함
② 사회복지행정의 합목적성과 행정가의 재량권 혹은 자율성이 중요하게 다루어짐

(2) 효과성(effectiveness)
① 조직체의 목표 달성도, 서비스가 욕구의 충족 또는 해결에 어느 정도 유효한가의 의미
② 선택된 서비스가 그 목적달성을 위해 어느 정도 적합한가의 관점에서 판단

(3) 효율성/능률성(efficiency)
① 최소의 자원으로 최대의 효과를 거둘 것인가의 문제
② 투입(비용, 노력)에 대한 산출(목표달성)의 비율
③ 자원의 유한성을 전제로 하는 경우 항상 문제가 됨
④ 자원이 제한된 사회복지서비스에 있어서도 중요시 되는 이념임

(4) 형평성/공평성(equity)

① 동일한 욕구를 가진 대상자는 동일한 혜택을 받아야 함

② 사회복지서비스의 특성상 공평성이 특별히 배려되어야 함

③ 서비스를 받는 기회와 내용, 그 비용 등을 모두 포함하여 판단함

(5) 접근성/편의성(convenience)

① 대상자가 서비스를 쉽게 이용할 수 있도록 제반 여건을 갖추어야 함

② 물리적인 접근편의성의 요소 외에도 심리적인 요소도 포함

③ 현실적인 비용과 홍보, 행정적인 절차를 포함하는 넓은 개념임

(6) 책임성(accountability)

① 사회복지조직이 목표를 달성하고자 하는 노력을 의미함

② 사회복지서비스에 대한 사회적 책임과 전체적인 과정상의 정당성을 포괄하는 개념

③ 책임성 이행을 위해 조직운영의 정당성과 투명성을 입증해야 함

④ 조직인력의 전문성과 대표성, 그리고 외부 환경과의 원활한 소통능력 등도 중요함

⑤ 책임성의 주요내용

　- 서비스가 수혜자의 욕구에 적절히 대응하는 것인가?

　- 서비스의 전달절차가 적합한가?

　- 서비스가 효과적이고 효율적인가?

　- 서비스전달과정에서의 불평과 불만의 수렴장치는 적합한가?

　- 업무수행과정이 투명하고 의사결정이 민주적인가 등

(7) 대응성(Response)

조직이 외부집단의 욕구, 선호, 가치 등에 대해 얼마나 민감하게 반응하는가와 관련됨

3. 사회복지행정의 관점

1) 선별주의 ★★★

① 대상자에 대한 수급자격 등의 조건을 붙여 서비스를 제공하는 방법으로 유한한 자원을 효율적으로 배분하기 위해 자산조사에 의해 대상자를 선별함

② 장점: 대상(목표)효율성이 높으며, 자원의 낭비를 최소화할 수 있음

③ 단점: 운영효율성이 낮고, 낙인의 문제와 빈곤함정의 문제가 발생할 수 있음

2) 보편주의 ★★★

① 서비스의 공급 시 대상자에게 특정의 자격 또는 조건을 부여하지 않는 것을 원칙으로 함

② 장점: 인간의 존엄성과 사회통합, 생존권과 복지권의 권리성이 강화됨

③ 단점: 한정된 자원에 대한 효과성과 효율성 측면에서 한계가 있음

4. 사회복지행정의 특성 및 과정

1) 조직 및 관리적 특성 ★★★

(1) 사회복지행정의 조직적 특성

① 사회복지조직의 목표는 구체화하기도, 측정하기도, 표준화하기도 어려움

② 사회복지조직의 기술은 사회적 이념에 따르면서 다양하고 동시에 불확실함

③ 사회복지조직에는 다양한 전문가들이 조직구성원으로 활동, 서비스를 산출함

④ 사회복지조직은 평가결과에 논란이 많고 변화에 대한 저항이 다른 조직보다 큼

⑤ 사회복지조직은 효과적인 서비스를 제공하기 위해 직원의 전문성에 크게 의존함

⑥ 사회복지조직은 지역사회의 인적·물적 자원을 활용하여 욕구를 충족시키는 활동임

(2) 사회복지행정의 관리적 특성

① 사회복지행정은 제도화된 사회적 가치와 이념을 조직의 운영과 관리에 반영함

② 사회복지행정은 인간의 문제에 대해 전체적으로 접근하고 통합성을 추구함

③ 클라이언트의 가치에 대해 도덕적 판단을 하며, 사회의 가치변화에 민감하게 반영함

④ 클라이언트는 서비스생산의 전 과정에 개입하므로 클라이언트의 순응과 협력을 최대한 이끌어내야 함

⑤ 서비스기술도 완전하지 못하여 제공기법의 효과성 · 효율성 평가에 어려움이 발생함

⑥ 사회복지행정가는 조직운영에서 지역사회로부터 지원과 협력의 중요성을 인식해야 함

2) 사회복지행정의 과정 ★★

사회복지행정의 기본적인 과정은 일반적으로 기획, 조직, 인사, 지시, 조정, 보고, 재정, 평가이며, 영어 알파벳 첫 글자를 따서 POSDCoRBE로 표현됨

(1) 기획(Planning)

① 목표의 설정 및 달성을 위한 과업과 활동, 과업수행방법을 결정하는 과정

② 과업을 달성하기 위한 방법은 변화하는 목표에 따라 달라질 수 있음

③ 변화하는 목표에 맞춰 과업을 계획하고 방법과 기술 등을 결정함

(2) 조직화(Organizing)

① 조직목표와 과업변화에 부응하여 조직구조를 확립하는 과정

② 조직의 공식구조를 통해 업무를 규정함

(3) 인사(Staffing)

① 직원의 채용과 해고, 적절한 근무환경의 유지 등이 포함된 전 과정

② 직원의 훈련과 교육, 전직, 동기부여, 능력발전, 근무평정 등 포함

(4) 지시(Directing)

① 기관의 효과적인 목표달성을 위한 행정책임자의 관리 · 감독의 과정
② 합리적인 결정, 능동적인 관심, 헌신적인 태도로 직원의 공헌을 칭찬
③ 책임과 권한을 효과적으로 위임하며 개인과 집단의 창의성을 고려함

(5) 조정(Coordinating)

① 업무의 다양한 부분들을 상호 관련시키는 중요한 과정
② 부서 간, 직원 간 효과적인 의사소통의 망을 만들어 유지 조정함
③ 위원회조직 등에서 긴급한 문제나 상황, 임시적인 활동 등을 다룸

(6) 보고(Reporting)

① 최고관리층이 하위 직원들에게 작업의 진행상황을 알리는 과정
② 기록 · 조사 · 감독 등을 통해 직원, 이사회, 지역사회, 후원자 등에게 알림

(7) 재정(Budgeting)

① 예산의 편성과 집행 및 결산, 평가 등과 관련된 일을 수행하는 과정
② 재정을 투명하게 관리, 중장기계획 수립, 회계규정에 따라 관리를 함

(8) 평가(Evaluating)

① 클라이언트의 욕구나 문제의 해결에 얼마나 적절한 서비스를 했는지 확인하는 과정
② 서비스의 효과성평가와 자원의 투입과 산출에 관련된 효율성 평가 등
③ 효과성평가는 서비스가 클라이언트의 욕구나 문제해결에 적절했는가에 대한 평가
④ 효율성평가는 자원의 투입 대비 산출이나 성과가 어떠했는가에 대한 평가

〈 사회복지행정의 범주 〉

구분	주체	대상
사회사업기관행정 (협의의 사회복지행정)	사회복지기관 및 시설	클라이언트 (요보호자)
공공사회복지행정	국가 및 지방자치단체	전 국민

〈 사회복지행정과 일반 행정의 차이점 〉

구분	사회복지행정	일반 행정
대상	지역사회 내 인지된 욕구충족 (지역주민의 문제해결)	전체 국민, 지역사회의 일반적 욕구충족(공공복리)
서비스의 종류	· 손상된 사회적 기능회복 · 사회적, 개인적 자원의 제공 · 사회적 통합기능	· 국가 혹은 지자체 유지업무 · 공공정책 입안 및 집행 · 대민업무 활동
구성 및 활동	· 시설장 책임 하에 집행	· 기관장 책임 하에 집행
조직 및 범위, 프로그램의 운영	· 법령에 위반하지 않는 한 원칙적으로 자유로운 활동	· 법령에 따라 조직되고, 법적인 제약이 큼
행정가의 책임	· 조직의 내부운영을 지역사회와 연계 책임(정당성, 자원확보 등)	· 전체 혹은 지역주민에 대한 책임 (선거를 통한 신임)
자원활용 선택	· 수시로 끊임없이 선택할 필요성	· 법령의 한도 내에서 활용
재정문제	· 정부보조금, 후원금, 이용료 등	· 정부예산으로 운영
서비스의 성격	· 전문 사회복지사업적 성격 (노인, 장애인, 청소년 복지 등)	· 전문 관리적 성격 (주택, 환경, 건설 등)
행정 참여도	· 사회복지사 등 모든 직원 참여	· 직위, 직급에 따른 참여

01) 사회복지행정의 특성으로 옳지 않은 것은? (16회 기출)

① 인적·물적 자원을 활용하여 조직 목적과 목표를 달성한다.

② 지역사회의 욕구를 충족시키기 위한 활동이다.

③ 사회복지행정가는 대안선택 시 가치중립적이어야 한다.

④ 사회복지조직이 제공하는 서비스는 전문적인 성격을 가지고 있다.

⑤ 사회복지행정가는 조직운영에서 지역사회 협력의 중요성을 인식해야 한다.

☞ 해설: 사회복지행정가는 조직운영에서 사회복지가 추구하는 가치를 구현해야 할 책임이 있다.

정답 ③

02) 사회복지행정이 지향하는 바가 아닌 것은? (14회 기출)

① 사회복지전문가를 행정업무로부터 면제해 준다.

② 서비스의 효과성을 높인다.

③ 조직운영의 실패원인을 확인하고 실패를 줄인다.

④ 조직운영의 비일관성을 줄인다.

⑤ 조직운영에서 책임성을 향상시킨다.

☞ 해설: 사회복지전문가도 효과적이고 효율적인 직무수행을 위해 사회복지행정의 지식도 함께 갖추어야 한다.

정답 ①

제2장
|
사회복지행정의 역사

1. 미국의 사회복지행정

1) 사회복지행정의 출현기(19세기 중반이후~1920년대 세계대공황 발생 전)

19세기 말부터 사회복지행정에 대한 관심이 나타나기는 하였으나 20세기 초반까지도 전문직의 실천형태로서 실질적인 인정을 받지는 못하였음

(1) 남북전쟁 이후 민간 사회복지기관의 출현, 사회복지행정의 인식

① 남북전쟁(1861~1865)이후 산업화, 도시화, 이민 급증, 빈곤, 실업, 범죄, 공중위생, 아동유기 등이 발생하면서 대도시의 기업인들은 사회적 불안과 사회주의 혁명의 위험성을 제거하고자 민간 복지사업을 확충함

② 대도시 지역에서 분출된 각종 사회문제들은 사회 불만요인으로 작용하게 되었으며, 이러한 문제들을 해결하기 위하여 민간의 자발적인 노력에 의한 사회서비스 기관들이 탄생

③ 대도시의 사업가와 지배계층은 이러한 사회적 불안과 유럽에서 일어나는 사회주의 혁명운동의 위험성을 제거하고자 민간 복지사업을 확충하는데 노력함

④ 각종 사회서비스기관들이 민간의 자발적인 노력에 의해 탄생되었고, 이들 기관에 의해서 제공된 사회복지서비스의 증가는 사회복지서비스 조직들의 증대를 초래하게 되었고, 이들 조직의 운영에 대한 관심도 자연스럽게 증가함

(2) 자선조직협회(COS, Charity Organization Society)의 등장

① 영국에서 시작된 자선조직협회(1869)는 미국 동부 버팔로(1877)에서 처음 조직되었고, 점차 미국 전역으로 확산됨

② 수많은 자선단체들 간의 조정과 협력을 도모하였으며, 민간사회복지의 체계적인 시작이라고 볼 수 있으며, 부유한 지역 기업가들에 의해 주도됨

③ 기업경영의 경험을 사회복지기관에 접목시켜 비효율적인 것으로 인식되었던 구빈 프로그램 운영의 효율성과 효과성을 제고시키고자 함

④ 지역사회에 분산되어 있는 각종 자선기관과 사업을 조정하여 서비스의 중복과 누락을 방지하고자 수혜자의 명단을 교환하고 사례회의를 하면서 공동으로 지역의 빈민문제에 대처하고자 함

⑤ COS기관행정가들은 사회복지조직의 인력을 양성하고 훈련시키는 프로그램을 개발함

(3) 기타 사회복지행정의 출현

① 20C초 지역사회공동모금회와 지역사회복지기관협의회 창설로 행정가들의 역할이 증대됨

② 1914년 사회사업교과과정에 최초로 행정이 등장하고, 1923년 미국 사회사업대학협의회가 채택한 교과과정에 행정이 선택과목으로 포함됨

③ 1929년 Milford 회의에서 사회복지행정이 개별사회사업, 집단사회사업, 지역사회복지론 등과 함께 기본적인 실천방법으로 인정됨

2) 사회복지행정의 발전기(1930~1960년대) ★★
(1) 사실상의 인정단계(1930~1950년대)
① 1930년대 초 경제대공황에 따른 대량실업, 빈곤문제로 사회보장법(1935)이 탄생

하여 사회보험, 공공부조, 사회복지서비스가 제도화됨

② 연방긴급구호청의 설립(1934), 공공복지행정의 대규모 확대 및 공공복지부문에서 사회복지사에 대한 수요가 증가하였고, 이에 따라 행정에 대한 교육이 확대됨

③ 사회보장법의 제정(1935)에 따라 연방과 각 주(州)에서 공적 부조가 생겨나면서 공공사회복지서비스 부문에서 공무를 담당할 인력수요가 급증함

④ 민간사회복지기관 운영에서 분업, 통솔의 범위, 조정, 인사관리 등 행정개념을 적용하기 시작하였으나 이러한 노력은 산발적으로 이루어졌고, 1940년대까지 사회복지행정은 사회복지의 핵심적인 영역이 아닌 주변 분야로 인식됨

⑤ 1950년대 공동모금이 전국적인 범위로 확대되었고, 이후 미국 사회복지공동모금협의회로 발전됨

⑥ 1952년 미국사회복지교육협의회의 대학원 교과과정규정에 조직과 행정절차에 관한 교육이 포함됨

(2) 정체의 단계(1960년대)

① 미국사회복지사협회(NASW)에서 사회복지행정에 대한 보고서가 출간(1960)되었고, 미국사회복지사협회 산하에 사회복지행정위원회가 설립(1963)됨

② 1960년대 시작된 '빈곤과의 전쟁'에서 사회복지기관들이 빈곤과 사회문제를 적절히 해결하는 역할을 수행하지 못한 것에 대한 국민들의 불신과 비판을 받음

③ 사회복지기관들이 서비스의 제공보다는 조직의 유지와 안정에 더 힘쓰면서 변화하는 욕구에 반응하지 않고 있음이 널리 비난의 대상이 됨

④ 사회문제의 해결을 위해 사회복지조직들의 활동에 기대를 가졌다가 그러한 기대가 좌절된 사람들은 지역사회조직사업을 사회복지행정에 대한 대안으로 생각하였으며, 실제로 지역사회 조직사업은 행정에 대한 훌륭한 대안으로 나타나게 됨

⑤ 지역사회조직사업의 획기적 발달은 상대적으로 사회복지행정의 발달을 정체시키는 결과를 가져왔음

3) 사회복지행정의 성숙기(1970년대) ★★

1960년대의 사회·경제적 배경을 기반으로 하여 사회복지행정에 대한 관심과 필요

성의 증대 및 전문사회복지행정가에 대한 수요가 늘어나 사회복지행정의 발전이 가속화되는 시기라 볼 수 있음

① 베트남전쟁, 사회복지비 지출의 증가, 인플레이션과 경제성장의 둔화(오일쇼크) 등의 요인이 복합적으로 작용하여 사회복지프로그램의 재정적 부담이 어렵게 되었음

② 사회복지사업법(1970)이 제정되어 공공복지행정을 통해 민간 사회복지기관에 대한 지원과 감독을 할 수 있는 근거를 마련하였음

③ 이에 정부에서는 지출된 비용에 대하여 가장 효과적인 사회복지프로그램을 선정하여 재정지원을 할 수 밖에 없었음(효율성 강조)

④ 행정을 위해 사회복지사들을 훈련시키는 것에 우선적 관심을 두어야 한다는 일반적 반응이 나타났음

⑤ 새로운 관리기법(PPBS, 비용편익분석, PERT)들이 사회복지행정에 도입되어 행정은 사회복지서비스의 계획, 유지, 관리, 평가의 주된 기술로서 전문사회사업의 고유한 방법으로 발전되었음(정부가 요구하는 패턴을 맞추기 위한 결과)

⑥ 사회복지행정이 대학 교과목으로 채택되면서 행정의 필요성이 어느 정도 인정된 듯하지만 민간 사회복지기관에서는 체계적인 조직운영이나 관리가 충분히 이루어지지 않았음

⑦ 「Administration in Social Work」(1976)라는 이 분야 최초의 학술지가 발간되기 시작하는 등 사회복지행정의 학문적 체계가 확립되었음

4) 사회복지행정의 도전과 응전기(1980~1990년대) ★★

(1) 1980년대

① 레이건 행정부에 의해 연방정부의 사회복지 부문의 역할 축소와 민영화가 추진되었으며, 민간의 사회복지행정에의 참여 증대로 인해 복합적 복지조직이 등장하게 되었음

② 사회복지프로그램에 대한 엄격한 관리와 분석, 자원동원 등의 능력을 갖춘 관리자에 대한 수요가 증가하였음

③ 서비스연계조직의 출현과 자원 제공처의 다양화(조정, 연계, 책임성 이행 등)로 인

하여 사회복지행정의 책임성의 요구가 강조되었음

(2) 1990년대 이후
① 1990년대 이후 재정관리와 마케팅이 점차 강조되었고, 사회복지조직들의 합병과 연합 등 새로운 경영기법과 가치관이 사회복지분야에 확대 적용되는 추세임
② 민간과 공공의 엄격한 조직적 구분이 없어졌으며, 계약이나 서비스의 구입 등 방법을 통한 민간부문의 직접 서비스전달에서의 역할이 증대되었음
③ 기획에서 서비스전달까지를 직접 담당했던 거대 공공 관료조직들이 퇴조하기 시작하였음

2. 한국의 사회복지행정

1) 사회복지활동의 태동기(1945년 이전)
① 인보관 성격의 반열방이 미국 감리교선교사에 의해 원산에서 설립됨(1906)
② 태화여자관(태화종합사회복지관의 전신)의 설립(1921)
③ 조선구호령이 제정(1944)되었으나 실질적인 급여는 형식적인 수준에 그침

2) 사회복지행정의 기반 형성기(1946~1970년대)
(1) 사회복지행정의 출발(1946년 이후~정부수립 이전)
① 미 군정청 설립과 함께 위생국이 설치되고, 곧이어 보건후생국으로 확대 개편됨
② 1946년 후생국보 3A호, 3C호 등 긴급구호에 관한 규정을 발표함

(2) 외원기관의 활동 및 철수(정부수립 이후~1970년대)
① 6.25전쟁을 거치면서 전쟁고아, 월남피난민, 부랑인 등을 위한 긴급구호와 수용시설에 의한 보호사업이 활발히 전개되었는데, 주로 외국원조기관들의 지원을 받아 전개하였음
② 1970년대에는 외원기관의 원조 감소와 함께 철수하는 시기로 민간사회복지시설

에서는 운영에 필요한 재원이 부족하였으나 별다른 대책을 마련하지는 못하였음

(3) 사회복지사업학과 설치, 사회복지행정을 교과목으로 채택

① 이화여자대학교(1947), 중앙신학교(현, 강남대학교, 1952), 서울대학교(1958) 등
에 사회사업학과 등이 실치됨
② 1970년대에 사회복지행정이 교과목으로 채택되면서 행정의 필요성이 어느 정도
인정됨

(4) 사회복지관련 법률 제정

① 생활보호법 제정(1961): 5.16 군사정부는 경제개발과 절대빈곤의 탈피에 주력함
② 사회복지사업법 제정(1970): 공공복지행정을 통해 민간 사회복지기관에 대한 지
원과 지도감독을 할 수 있는 근거를 마련함

3) 사회복지행정의 발전기(1980~1990년대) ★★★

(1) 1980년대의 특징

1980년대 이후는 산업화의 급속한 진전과 경제발전 위주의 국가정책추진의 결과 다
양한 사회문제가 나타나기 시작하였고, 아동·노인·장애인을 위한 사회복지서비스
관련 법령들이 제정 및 개정되기 시작하였음

① 1980년대 이후 사회복지관련기관이 급속도로 증가, 사회복지 전반에 큰 변화가
나타남
② 사회복지사윤리강령(1982) 채택: 전문직으로서의 사회복지사의 기본요소를 갖추
고, 전문가의 책임과 역할을 크게 인식하기 시작하였음
③ 사회복지전문요원제도(7급 별정직) 시행(1987): 공공부조업무를 담당하면서 공공
복지행정의 체계가 마련되었음

(2) 1990년대의 특징

1990년대 전반기에 일어난 중대한 정치질서의 변화였던 지방자치제도의 전면적 실시는
공공과 민간부문에 있어서 사회복지서비스 전달체계가 정비되는 계기가 되었음

① IMF 체제하에서는 산업화 이후 경험하지 못한 경제위기와 대량실업, 빈곤의 문제에 직면하여 각종 사회복지대책이 강구되면서 사회복지행정의 역할이 절실히 요구되었음

② 민간 사회복지부분에서는 사회복지조직의 급증과 더불어 사회복지사업법이 개정(1997)되어 시·도 사회복지협의회의 독립법인화가 이루어졌음

③ 사회복지공동모금법(1998)에 의한 공동모금제도의 도입이 이루어져 민간 사회복지조직과 재정의 자율성이 강화되는 방향으로 발전하였음

④ 국민기초생활보장법이 제정(1999.9.7.)되면서 제도의 시행을 위해 1,200명의 사회복지전문요원이 새로 채용되었고, 꾸준히 공공사회복지행정의 범위가 확대되었음

⑤ 사회복지행정학회의 창립(1999): 전문학술지를 발간하기 시작함

(3) 1990년대의 주요 변화

① 사회복지의 민영화

- 사회복지에 투입되는 공적 자원의 한계에 따라 민간의 역할에 대한 기대가 증가되었기 때문이며, 이에 따라 다양한 분야에서의 민영화가 활발히 진행되었음
- 민영화로 인하여 공공의 보조금과 계약에 의해 일정기간 운영권을 행사하는 민간사회복지기관들을 민간이나 공공으로 확연히 구분 짓는 것이 어렵게 되었음
- 기업복지재단의 재정적 지원과 사회복지공동모금제의 시행으로 사회복지프로그램의 중요성이 부각되었음

② 지방자치제의 전면 실시

- 1990년대 이후 사회복지서비스의 기획, 전달, 평가에 이르는 제반 과정이 과거 중앙집중식의 획일한 구조에서 지방자치단체차원으로 다원화된 구조로 전환되었음
- 지방자치제도가 전면적으로 실시됨에 따라 지역의 특성에 맞는 사회복지서비스가 활성화되었고, 전달이 체계적으로 관리되어야 할 필요성이 높아졌음

③ 사회복지시설의 신고 및 평가제도 시행

- 사회복지시설의 설치·운영의 신고제: 1997년 사회복지사업법의 개정으로 사회복지시설의 설치·운영에 대한 허가제를 신고제로 변경하여 시설의 설치나 운영을 용이하게 하였음
- 사회복지시설의 평가제도 시행: 1997년 사회복지사업법의 개정으로 3년에 한 번씩 사회복지시설 및 기관에 대한 평가제도를 도입하여 효율성, 효과성, 책임성 등을 높이도록 함으로써 사회복지기관의 조직, 인사, 재정 및 프로그램관리 등 사회복지행정전반에 대한 관심과 실천적 노력을 증대시켰음

④ 사회복지시설 및 기관의 경쟁 심화
- 시설 및 기관의 증대에 따른 경쟁의 심화로 자원 확보의 중요성이 강조되었음
- 한정된 지역사회의 자원을 놓고, 서로 경쟁하는 상황에서 시설 및 기관을 운영하는데 있어 현대적 관리 및 경영기법이 요구되므로 사회복지행정에 대한 관심이 고조되었음

4) 사회복지행정의 확립기(2000년대~현재) ★★★

(1) 국민기초생활보장법의 시행
2000년 10월 1일부터 시행되었는데, 이 법은 기존의 시혜성 보호에서 탈피하여 국민의 생존권을 법으로 보장하는 급여로 전환되었음

(2) 기타 제도의 시행
① 2003년7월 사회복지사업법의 개정을 통해 지역사회복지계획을 수립하고, 수행할 지역사회복지협의체를 구성·운영토록 하였음
② 2005년 8월부터 시·군·구에 지역사회복지협의체를 운영하고, 지역사회복지사업에 관한 중요사항과 지역사회복지계획을 심의하게 되었음
③ 2005년부터는 지방재정운영의 자율성을 높이기 위해 지역분권 재정정책에 의하여 국고보조금이 분권교부세로 전환되었으며, 사회복지관운영은 지방자치단체의 일반재정에 의해 운영하게 되었음
④ 2007년에 기초노령연금법과 노인장기요양보험법이 제정되었고, 전문적인 서비스

의 제공을 위하여 요양보호사 자격제도가 신설되었음

⑤ 2007년부터 장애인활동보조, 노인돌봄종합서비스, 지역사회서비스 투자사업을 시작으로 사회서비스이용권(바우처)사업을 본격적으로 도입하기 시작하였음

⑥ 2010년 1월부터 복지통합정보시스템으로 "사회복지통합관리망(행복e음)"이 개통되었음

⑦ 2012년 5월부터 시·군·구에 "희망복지지원단"이 설치·운영되었으며, 지역별 통합사례관리가 활발하게 전개되었음

⑧ 2013년 2월부터 정부 전 부처 복지사업정보를 연계하여 개인별, 가구별 복지서비스의 이력관리, 중복 또는 부정수급방지, 중앙부처 복지사업의 정보제공, 복지사업의 업무처리지원 등을 위한 "사회보장정보시스템"이 완전 개통되었음

⑨ 2015년 7월부터 국민기초생활보장법 개정(2014)으로 맞춤형 기초생활보장제도가 시행되었음

⑩ 2016년부터 읍·면·동 복지허브화사업을 시작하였고, 읍·면·동 주민센터의 복지기능 강화를 추진하면서 명칭도 "행정복지센터"로 변경하였음

⑪ 2018년부터는 전국의 모든 읍·면·동에 맞춤형 복지팀을 신설하여 통합서비스를 비롯한 복지허브화를 전면적으로 실시하고 있음

01) 우리나라 사회복지행정의 변화과정과 주요 정책에 관한 설명으로 옳지 않은 것은?

(15회 기출)

① 사회복지시설평가제 도입은 자원의 효율적 운영에 대한 관심을 확대시키는 계기가 되었다.

② 주로 지방정부에서 운영되는 사회복지사업이 국고보조사업으로 이양되었다.

③ "읍·면·동 허브화" 전략은 맞춤형 통합서비스를 제공하기 위한 민관협력을 기반으로 한다.

④ 희망복지지원단은 공공영역에서의 사례관리 기능을 담당한다.

⑤ 국민기초생활보장제도는 복지가 국민의 권리로서 인정받기 시작했다는 의미를 갖는다.

☞ 해설: 국고보조사업으로 운영되던 사회복지사업이 지방분권화로 인해 지방자치단체로 이양되었으며, 지방교부세법 개정(2004)으로 2005년부터 분권교부세가 신설되어 지방자치단체의 일반재정으로 통합되어 자율적으로 운영할 수 있게 되었다.

정답 ②

02) 우리나라 사회복지행정의 변화에 관한 설명으로 옳지 않은 것은?   (17회 기출)

① 1987년부터 사회복지전문요원이 배치되기 시작하였다.

② 1995년 분권교부세를 도입, 재정분권이 본격화되었다.

③ 1997년 사회복지시설의 설치가 허가제에서 신고제로 변경 결정되었다.

④ 2000년대 사회서비스이용권(바우처)사업이 등장하였다.

⑤ 2000년대 중반 이후 지역사회복지계획이 수립되었다.

☞ 해설: 2005년부터는 지방재정운영의 자율성을 높이기 위해 지역분권 재정정책에 의하여 국고보조금이 분권교부세로 전환되었으며, 사회복지관은 지방자치단체의 일반재정에 의해 운영하게 되었다.

정답 ②

제3장
|
고전적 관리이론

1. 고전적 관리이론

1) 과학적 관리론(F. W. Taylor) ★★★

(1) 과학적 관리론의 의의

① 최소의 비용으로 최대의 생산효과를 낸다는 원칙하에서 개개인의 기본동작에 대해 그 형태 및 소요시간을 표준화하고, 적정한 1일 작업과업의 기준을 정하는 관리의 과학화

② 생산과정에 있어서 필요한 지식과 기술을 적절히 활용하고, 작업수행에 있어서 낭비와 비능률을 제거하여 최소노동과 비용으로 최대의 생산효과를 확보할 수 있는 방법을 찾아내기 위한 관리이론

③ 미국중심으로 생산과정, 조직경영, 국가기능의 영역까지 행정능률 향상의 실현수단이 됨

(2) 과학적 관리론의 내용

① 테일러(Taylor)가 창안, 능률의 극대화에 초점을 두었으므로 조직의 최고 목표는

합리성과 효율성에 있음

② 작업의 효과성과 효율성을 향상시키기 위하여 노동의 분업, 작업형태 및 시간의 효율적인 사용을 강조함

③ 개인이 할 수 있는 명확하고 적정한 1일 과업을 부여함

④ 개인이 1일 작업량을 감당할 수 있도록 필요한 모든 조건(작업형태 및 소요시간)을 표준화하여 분업을 확립하며 과업의 성과와 임금을 관련시킴

(3) 과학적 관리론의 특징

① 행정의 전문성을 강조하며, 과학화, 객관화, 분업화를 통한 행정의 능률성을 중시함

② 권한, 책임의 범위, 분담을 위한 계층제 등 공식적인 구조 및 조직 강조, 상의하달형 의사전달에 따른 경직성을 초래함

③ 외부적 환경변수 무시, 비공식적 요인을 고려하지 않는 폐쇄적 조직이론

> ※ 과학적 관리론의 관리원칙
> 과학적 과업관리, 차별 성과급제, 직원의 과학적 선발, 분업 및 협동 등이 있다.

(4) 과학적 관리론의 유용성

① 조직과 인간관리의 과학화 주장, 능률의 극대화에 크게 기여함

② 행정을 관리현상으로 인식, 행정능률을 보다 향상·촉진시키는데 공헌, 정치행정이원론의 성립에 기여함

③ 행정조사 및 행정개혁운동의 배경으로 작용, 엽관주의의 폐단을 극복하는 계기가 됨

(5) 과학적 관리론의 한계

① 인간의 부품화라는 인식 초래, 인간의 사회·심리적 요인 등을 간과함

② 폐쇄형 조직이론으로서 조직과 환경과의 상호작용을 무시함

③ 정치가 개입되는 행정을 경영과 동일시, 조직내 비공식 집단을 무시함

④ 공익을 우선으로 하는 행정에 기계적인 능률원리를 적용하는 데 일정한 한계가 있음

(6) 사회복지적 측면
① 유용성
- 사회복지조직에서 행정의 비효율성, 서비스의 중복, 서비스의 낭비와 남용을 극복하기 위해 과학적 관리법의 원리를 도입할 필요성이 제기됨
- 사회복지조직도 명백한 조직목표를 규정, 조직의 확실한 활동평가척도의 개발이 필요함
② 한계
- 외부적인 환경에 의존하기 쉬운 사회복지조직들을 이해하는데 뚜렷한 한계가 있음
- 사회복지조직이 행하는 모든 활동은 클라이언트와 관련 규범적 선택을 필요로 하는데, 이때 과학적 관리방법을 채택할 경우 규범적 선택이 애매할 수 있음

2) 관료제이론(Max Weber) ★★★
(1) 관료제이론의 의의
① 기술적 지식을 바탕으로 하고, 최대한의 효율성을 목적으로 한 조직체계
② 전반적인 조직의 구조와 과정을 조정하기 위해 설정된 합리적 규칙에 기초한 통제체제
③ 지배의 유형을 전통적 지배, 카리스마적 지배, 합법적·합리적 지배로 구분함
④ 근대관료제는 합법적·합리적 지배라는 이념형에 입각한 전형적인 형태라고 봄

(2) 근대관료제의 특징
① 수직적 권위구조: 상급직위에 있는 사람은 하급직위에 있는 사람을 통제함
② 규칙과 규정: 일관성 있는 규칙, 규정에 따라 직무의 배분 및 인력을 배치함
③ 분업과 전문화: 특정 과업을 명확히 분업화하여 고도의 전문화를 추구함
④ 능률 강조: 순수한 관료제는 합리적 의사결정과 행정능률의 극대화 기능을 함

⑤ 사적 감정의 배제: 개인적 감정보다 공식적 원칙과 합리성에 기초한 의사결정을 함
⑥ 경력 지향성: 일정한 규칙 하에 연공서열과 실적에 따라 승진, 신분보장을 함

(3) 관료제의 병리현상
① 동조과잉과 수단의 목표화: 관료제는 목표가 아닌 수단에 지나치게 동조함으로써 창의력이 결여될 수 있음
② 형식주의: 문서에 의한 업무처리는 형식주의를 초래할 수 있음
③ 인간성의 상실: 조직 내 대인관계의 지나친 몰인정성은 무관심과 냉담 등으로 나타나 인간성의 상실을 초래할 수 있음
④ 전문화로 인한 무능: 전문가는 타 분야에 대한 이해가 부족하여 조정과 협조가 어려움
⑤ 무사안일주의: 문제해결에 적극적인 태도를 갖지 못하고 상급자의 권위나 선례에만 의존하려는 성향을 보임

(4) 사회복지적 측면
① 유용성
  - 서비스의 합리화, 효율성의 증가, 서비스의 기술이 향상됨
  - 조직이 수행해야 할 과업이 일상적 일률적인 경우 효율적임
  - 조직운영의 권한배분이 합법성·합리성을 띠고 있다고 봄
② 한계
  - 서비스의 전달과정에서 직원과 클라이언트의 비인간화가 진행됨
  - 클라이언트에게 효과적인 서비스를 전달하는데 필요한 융통성이 결여됨

2. 인간관계이론

1) 호손실험과 인간관계이론 ★★★★
(1) 인간관계이론(E. Mayor)

① 메이요(E. Mayor) 교수 등이 서부전기회사의 호손공장의 실험적 연구를 계기로 정립한 조직이론임
② 조직의 목표달성에는 사회적 요인인 직원 사이의 인간관계가 중요한 요인임을 인식함

(2) 호손실험의 인간관계이론의 특징
① 근로자의 작업능률은 물리적인 환경조건에 좌우되는 것이 아니라 집단 내의 동료나 상사와의 인간관계에 의해 크게 좌우됨
② 집단 내 인간관계는 비합리적·정서적 요소에 따라 이루어지므로 근로자 개인으로서가 아니라 집단의 일원으로서 행동함
③ 조직에는 친밀감을 느끼는 사람들이 만나는 비공식적인 집단이 별도로 있으며, 이 비공식적 집단이 개인의 태도와 생산성에 강한 영향을 미침
④ 근로자는 경제적인 욕구나 동기에 의한 합리적 행동보다는 비경제적인 요인인 사회·심리적인 욕구나 동기에 입각한 행동을 중시함

(3) 인간관계이론의 유용성과 한계
① 인간관계이론의 유용성
  - 인간을 인격적으로 인식하고, 인간의 심리·사회적 측면을 중시함
  - 사회적 능률개념을 정립, 노동자의 인격적 대우가 조직의 능률향상에 기여함
  - 조직관리에 있어서 의사전달, 리더십, 비공식조직 등을 강조, 경쟁이 아닌 협동과 인화에 의한 생산성을 강조함
② 인간관계이론의 한계
  - 인간의 경제적 동기를 지나치게 경시, 직무자체에 의한 동기부여의 중요성을 간과함
  - 조직과 외부환경과의 작용관계를 설명하지 못함
  - 공식조직의 합리적 기능을 경시하고, 비공식 집단의 중요성만을 지나치게 강조함

(4) 사회복지조직의 인간관계이론

① 사회복지조직의 효과성은 조직목표에 대한 클라이언트의 동기, 태도, 헌신여하에 따라 좌우될 수 있으므로 인간관계가 매우 중요한 역할을 함

② 인간관계모형은 대인관계기술, 클라이언트의 노력과 동기부여 등 사회복지조직에서 중요시하는 기본권점과 부합함

〈 베버의 관료제와 후기관료제 조직 〉

베버의 관료제(고전적 관료제)	후기 관료제 조직
– 계층제 – 고정적 권위와 공식적 판단 – 비개인성(공사의 분리) – 전문화, 영속성, 비밀주의 – 조직내부만 중시	– flat조직(구조화된 비계층제) – 상황에 적응하는 변증법적 조직 – 팀 중심의 문제해결, 집단적 의사결정 – 일시적 편재, 직업의 이동성 – 권위의 유동성, 개방적 의사전달 – 고객과의 협동적 관계중시

〈 메이요(E. Mayor)의 호손실험 〉

구분	실험결과
조명실험(작업조건 변화)	조명과 같은 작업환경의 변화는 생산량과 직접적인 관계가 없다.
계전기 조립실험(조립속도)	작업 중 휴식이나 간식의 제공도 생산량과 직접적인 관계가 없다.
면접실험(감동방법, 작업환경 내 불만조사)	종업원의 불만이나 감정 등은 생산량과 어느 정도 관계가 있다.
배전기권선 관찰실험(작업상태 관찰)	생산량은 관리자의 지시나 종업원의 능력보다는 비공식적으로 합의된 사회적 규범에 의해 결정된다.

〈 과학적 관리론과 인간관계이론 〉

차이점		공통점
과학적 관리론	인간관계론	
직무중심	인간중심	· 외부환경의 무시 · 생산, 능률성이 궁극목적 · 관리층을 위한 연구 · 욕구의 단일성 강조 · 조직목표와 개인목표의 양립 및 조화가능성 인정
공식적 구조관	비공식적 구조관	
합리적 · 경제적 인간관	사회적 인간관	
기계적 능률 중시	사회적 능률 중시	
1930년대 이전부터 강조	1930년대 이후 강조	

01) 관료제의 주요 특성으로 옳은 것을 모두 고른 것은? (17회 기출)

> ㉠ 조직 내 권위는 수평적으로 구조화된다.
>
> ㉡ 조직운영에서 구성원 개인의 사적 감정은 배제된다.
>
> ㉢ 직무배분과 인력배치는 공시적 규칙과 규정에 의해서 이루어진다.
>
> ㉣ 업무와 활동을 분업화함으로써 전문화를 추구한다.

① ㉠, ㉡   ② ㉢, ㉣   ③ ㉠, ㉡, ㉢
④ ㉡, ㉢, ㉣   ⑤ ㉠, ㉡, ㉢, ㉣

☞ 해설: 관료제는 위계적인 수직구조를 특징으로 상급직위에 있는 사람은 하급직위에 있는 사람 지도하고 감독한다.

정답 ④

02) 과학적 관리론에 관한 설명으로 옳지 않은 것은? (17회 기출)

> 조직구성원은 비공식 집단의 성원으로 행동하며, 이러한 비공식 집단이 개인의 생산성에 영향을 준다.

① 인간관계이론   ② 생산집단이론   ③ 과학적 관리론
④ 상황생태이론   ⑤ 개방구조이론

☞ 해설: 인간관계이론에서는 조직에는 친밀감을 느끼는 사람들이 만나는 비공식적인 집단이 별도로 있으며, 이 비공식적 집단이 개인의 태도와 생산성에 강한 영향을 미친다고 본다.

정답 ①

제4장
|
체계이론과 조직환경이론

1. 체계이론(System theory)

1) 체계이론의 개념 ★★

(1) 체계이론의 의의

① 고전이론, 인간관계이론, 구조주의이론 등 세 이론이 하나로 통합될 수 있다는 가
   정에 기초를 두고 있음

② 체계란 상호작용하는 부분들로 구성된 전체, 즉 '부분들 간에 관계를 맺고 있는 일
   련의 단위들'로 정의함

③ 기존의 고전 모형들은 조직을 폐쇄적으로 보았으나 구조기능주의와 일반체계이론
   이 조직에 적용된 뒤에는 조직을 개방된 체계로 인식하기 시작함

④ 조직을 다양한 역동성과 메커니즘에 기초를 둔 구체적 기능을 수행하는 많은 하위
   체계로 구성된 복합체로 봄

⑤ 사회복지행정에서 체계이론이란 사회복지조직도 하나의 유기체로서 안정을 유지
   하기 위해 '투입-전환-산출'의 체계를 가지고 안정을 유지함

(2) 폐쇄체계와 개방체계

① 폐쇄체계: 다른 외부체계들과 상호교류가 없거나 교류할 수 없는 체계를 말함
    – 체계안의 에너지, 정보, 자원 등이 외부로 나갈 수 없으며 이는 엔트로피개념임
② 개방체계: 다른 체계와 에너지, 정보, 자원 등이 상호 교류하는 체계를 말함
    – 체계내 사람들이 환경 또는 다른 체계들과 빈번한 상호작용을 하는 경우를 말함

2) 체계이론의 기본가정 ★★

① 각 하위체계들은 생존과 발전을 위한 경쟁의 역동성 때문에 부단히 활동하며, 하위체계 간의 갈등과 모순은 불가피함
② 조직이 최적으로 기능하기 위해서는 조직의 목표에 따라 모든 하위체계가 상호기능을 함
③ 관리하위체계는 나머지 네 개의 하위체계를 통합하고 조정하는 과업을 수행함

3) 하위체계의 유형 ★★★

(1) 생산하위체계

① 조직의 생산과 관련된 과업을 수행하며, 클라이언트에게 서비스를 제공하는 기능을 수행하는 것으로 사회복지조직에서 생산하위체계의 기능은 클라이언트에게 서비스를 제공함
② 조직의 역할과 과업을 설계하는 데 숙련과 합리성을 강조하는 전문화의 원리가 중요함
③ 전문화는 목적(purpose), 과정(process), 사람(person), 장소(place) 등 4가지 영역에서 조직화됨

(2) 유지하위체계

① 주요 목적은 조직의 현재 상태대로 조직의 계속성을 확보한다는 것이며, 그 중요한 역동성은 조직 내 안정상태의 유지에 있음
② 사용되는 메커니즘은 활동의 공식화, 보상체계의 확립, 새로운 구성원의 사회화, 직원 선발과 훈련 등

③ 사회복지조직에서 유지하위체계의 기능은 개별직원들의 목표가 조직의 목표에 통합되도록 촉진하는 것임. 즉 절차와 활동의 공식화 및 표준화, 보상체계의 확립, 새로운 구성원의 사회화, 직원의 선발과 훈련 등

④ 조직의 궁극적인 목표는 클라이언트의 욕구충족에 있음. 따라서 직원들에 대한 관심은 어디까지나 조직의 궁극적인 목표를 달성하기 위한 수단임

(3) 경계하위체계

① 환경과 환경에 영향을 미치기 위한 장치를 확립할 필요성이 있다고 강조하며, 2가지 구성요소(생산지지 체계, 제도적 체계)를 통해서 외부환경에 반응함

② 사회복지조직에서 경계하위체계의 목적은 조직의 외부환경에 영향을 미치는 것이며, 생존하고 발전하기 위해 부단히 외부환경에서 일어나는 변화를 알고자 노력하고 그 변화에 적절히 반응할 수 있어야 함

(4) 적응하위체계

① 연구와 계획을 강조하는 면에서는 합리성과 숙련을 강조하는 고전모형에 기초하고, 환경을 강조하는 면에서는 구조주의모형에 기초함

② 변화하는 환경의 요구에 반응하여 조직을 변화시킬 필요성을 인식하고, 관리층에 적절한 건의를 하며, 이를 위해 체계적인 연구와 평가가 수행되며, 평가를 위한 자료수집과 저장을 위해 전산화된 관리정보체계를 활용해야 함

③ 사회복지조직에 책임성이 요구되면서 자신의 프로그램의 효율성과 효과성을 체계적으로 평가할 필요성이 대두됨

(5) 관리하위체계

① 고전이론(통제강조), 인간관계이론(타협강조), 구조주의이론(환경강조)에 기반을 두며, 관리자는 각기 다른 하위체계가 어떻게 조정, 통합될 수 있는지를 이해하기 위해 체계적 관점을 가질 필요가 있음

② 사회복지조직에서의 목적은 4개의 하위체계를 조정하고, 통합하기 위해 리더십을 제공하는 것이며, 갈등을 해결하고 교섭하기 위한 지식과 기술이 필요함

③ 기능: 타협과 심의를 통해 하위체계 조정, 권한의 활용을 통해 계층간에 생겨나는 갈등 해결, 자원을 증진시키고 조직을 재구조화하기 위한 외부환경의 조정 등

4) 사회복지조직에서의 체계이론

① 대부분 비영리적이며, 외부자원제공자에게 의존하기 때문에 환경에 크게 의존하고 있음
② 산업조직에 비해 환경조절능력이 훨씬 부족하며, 조직 내의 갈등이나 분파적인 요소보다는 조직의 통합성과 상호의존성, 균형 등을 강조함

2. 조직환경이론

1) 상황이론(Contingency theory) ★★

(1) 상황이론의 개념

① 조직의 환경적 요인을 강조하면서도 고도의 불확실성하에서 최선의 관리방법이란 있을 수 없다고 봄
② 조직화에는 유일한 최선의 방법은 없으며, 상황에 따라 결정되어야 하는 효과적인 방법만이 있을 뿐이라는 점을 강조함
③ 조직이 환경에 적합해야 효과적이기 때문에 '상황적합이론'이라고 부르기도 하며, 상황이란 조직을 둘러싼 내·외적인 환경을 의미함
④ 상황이론은 조직과 환경·기술·조직규모와의 관계를 중요시하며, 이러한 환경·기술·조직규모 등의 상황요인과 조직특성의 적합이 조직의 성과를 결정한다고 봄

(2) 상황이론의 특징

① 중범위이론을 지향하며 원인보다는 결과를 중시하고, 조직 내 개인이나 집단이 아닌 조직 그 자체를 분석단위로 함
② 모든 조직에 적용될 수 있는 최선의 방법, 일반원칙이란 존재할 수 없다고 보며,

내부조직이 환경적 조건에 크게 영향을 받는다는 점을 강조함
  – 동질적이고 안정된 환경에서는 형식적ㆍ계층적 조직이 적합함
  – 다양하고 변동하는 환경에서는 덜 형식화되고 보다 유기적인 조직이 적합함

(3) 사회복지조직에서의 상황이론

① 사회복지조직도 하나의 유기체로 "투입–전환–산출"의 체제를 가지고 안정을 유지하며, 클라이언트 집단에 따라 조직의 특성이 매우 다름
② 사회복지조직은 환경적 변화에 크게 좌우되기 때문에 그에 따른 조직구조와 관리 스타일의 적용이 절실히 요구되므로 이론적 타당성이 충분함

2) 조직군생태이론(Population ecology theory) ★★

(1) 조직군생태이론의 의의

① 조직을 개방체계로 보아 환경과의 상호작용을 전제로 하고 있지만, 조직의 생존을 결정하는 것은 결국 환경이라는 결정론적 입장임
② 환경에 적응적인 조직은 다른 조직에 비해 강점을 보유하여 살아남을 수 있다고 봄
③ 분석단위가 개별조직이 아닌 조직군(組織群)이라는 개념을 도입함으로써 조직의 거시적 분석에 기여함

(2) 조직군생태학이론에 대한 비판

① 환경의 개념은 매우 모호하고 환경에서의 조직간 권력관계, 갈등 등 중요한 사항들을 도외시하는 한계점이 있음
② 환경 결정론적 관점을 띠고 있어 인간의지에 의한 선택이 배제되어 있다고 비판을 받음

3) 정치경제이론(Political economy theory) ★★

(1) 정치경제이론의 의의

① 조직과 환경과의 상호작용을 중시하며, 그러한 상호작용이 조직의 내부 역학관계

에 미치는 영향을 강조한 이론

② 조직의 생존과 발전에는 2가지 기본적인 자원 즉, 정치적 자원(합법성, 권력 등)과 경제적 자원(물적 자원, 클라이언트, 인력 등)이 필수적이라고 봄
  - 자원을 소유하고 있는 이해관계집단이 조직에 영향력을 발휘함
  - 조직 환경에서 재원을 둘러싼 권력관계를 부각시킴

(2) 정치경제이론의 관점

① 조직이 서비스 전달체계를 형성하는데 있어서 조직에 직접적으로 영향을 미치는 과업환경의 중요성을 강조함
② 조직은 정치경제적으로 환경에서 필요한 자원을 확보해야 하므로 자원에 의존한다고 봄
③ 조직의 관리자는 조직의 생존과 발전에 결정적인 역할을 하는 과업환경을 면밀히 분석하여 능동적으로 대처하는 전략을 수립해야 한다고 봄

(3) 사회복지조직에서 정치경제이론

① 외부환경에 의존하는 사회복지조직의 현상을 설명할 수 있음
② 클라이언트를 중요한 자원인 동시에 조직에 영향을 미치는 이해집단으로 인식함
③ 사회복지조직은 정치경제적인 힘과 자원에 의해 전적으로 좌우되는 것은 아니므로 조직을 이끄는 가치와 이념을 간과하고 있다는 한계가 있음

※ 자원의존이론(Resource dependence theory)

- 조직은 과업수행에 필요한 자원을 조직 내부적으로 마련할 수 없으므로 결국 환경에 의존할 수밖에 없음
- 조직은 환경에 의존하면서도 환경에 적응하고 조직에 유리하도록 능동적으로 관리하려 하기 때문에 이러한 특징으로 인해 정치경제이론에서 파생된 이론으로 보기도 함

4) 제도이론(Institution theory) ★★

(1) 제도이론의 의의

① 개방체계적 관점에서 조직에 대한 환경의 영향력을 강조하는 이론임

② 조직의 규범과 조직을 둘러싼 사회적 · 제도적 환경이 조직의 특성과 형태를 좌우한다는 점을 강조함

③ 사회복지조직 등 휴먼서비스 조직들은 기술적 특성보다는 제도적 · 도덕적 규범이나 이념에 의해 그 존립의 정당성을 확보함

(2) 제도적 규칙이 받아들여지는 과정

① 정부나 법률의 규정에 의해서 '강제'로 받아지는 경우

　예) 특정 클라이언트를 의무적으로 서비스대상자로 선정해야 하는 경우

② 성공적인 조직의 관행과 절차를 '모방'하여 규칙을 정하는 방법

　예) 우수복지기관의 조직체계와 프로그램을 도입하여 시행하는 경우

③ 전문직의 '규범'으로 자연스럽게 조직이나 프로그램들에 반영되는 경우

　예) 효과성이 입증된 실천모델을 적용하는 경우

(3) 제도이론의 한계

① 기술적 환경과 제도적 환경과의 상호연관성에 대한 언급이 없음

② 구체적 조직 관리에 대한 언급이 없으며 실천을 위한 개입지식으로 활용되기 어려움

〈 참고 사항 〉

※ **폐쇄체계이론**
조직과 환경과의 관계는 고려하지 않고 조직내부만 연구대상이며, 개인의 목표와 조직의 목표가 일치할 수 있다고 전제함
- 고전모형: 과학적관리론, 관료제모형, 공공행정이론
- 인간관계모형: 인간관계론, X · Y이론, Z이론

조직의 외부환경이나 조직들간 상호작용에 보다 많은 관심을 둠

- 구조주의이론, 상황이론, 체계(체제)이론
- 조직환경이론: 조직군생태이론, 정치경제이론, 제도이론
- 최근의 조직이론: 목표관리(MBO), 총체적품질관리(TQM), 학습조직이론 등
  단, 목표관리(MBO)는 폐쇄체계에 해당한다고 볼 수 있음

01) 내용으로 옳은 것은? (16회 기출)

> • 자원을 소유하고 있는 이해관계집단이 조직에 영향력을 발휘한다.
> • 조직 환경에서 재원을 둘러싼 권력관계를 부각시킨다.
> • 외부환경에 의존하는 사회복지조직의 현실을 설명할 수 있다.

① 정치경제이론
② 신제도이론
③ 과학적 관리이론
④ 의사결정이론
⑤ 조직군생태이론

☞ 해설: 정치경제이론 참조
• 조직과 환경과의 상호작용을 중시하며, 그러한 상호작용이 조직의 내부 역학관계에 미치는 영향을 강조한 이론이다.
• 조직의 생존과 발전에는 2가지 기본적인 자원 즉, 정치적 자원(합법성, 권력 등)과 경제적 자원(물적 자원, 클라이언트, 인력 등)이 필수적이라고 본다.
• 자원을 소유하고 있는 이해관계집단이 조직에 영향력을 발휘하고, 조직환경에서 재원을 둘러싼 권력관계를 부각시킨다.

정답 ①

02) 다음은 체계이론 중 어떤 하위체계에 관한 설명인가? (15회 기출)

> • 주요 목적은 개인의 욕구를 통합하고 조직의 영속성을 확보하는 것이다.
>
> • 업무절차를 공식화하고 표준화한다.
>
> • 직원을 선발하여 훈련시기며 보상히는 제도를 확립한다.

① 관리하위체계

② 적응하위체계

③ 생산하위체계

④ 경계하위체계

⑤ 유지하위체계

☞ 해설: 유지하위체계 참조

• 주요 목적은 조직의 현재 상태대로 조직의 계속성을 확보한다는 것이며, 그 중요한 역동성은 조직 내 안정상태의 유지에 있다.

• 사용되는 메커니즘은 활동의 공식화, 보상체계의 확립, 새로운 구성원의 사회화, 직원의 선발과 훈련 등이 해당된다.

정답 ⑤

제5장
|
최근 조직이론

1. 목표관리이론(MBO: Management by Objectives)

1) MBO의 개념 ★★★

(1) MBO의 의의

① 피터 드러커(Peter Drucker)에 의해 소개(1954)된 이론으로 총체적 관리체계임

② 참여과정을 통해 조직단위와 구성원들이 실천해야 할 생산활동의 단기적 목표를 명확하게 체계적으로 설정

③ 단기목표에 따라 생산활동을 수행하도록 하며, 활동의 결과를 평가하고 피드백(환류)시키는 관리체계

④ 명확한 목표의 설정과 책임한계의 규정, 참여와 상하협조, 피드백의 개선을 통한 관리계획의 개선, 조직구성원의 동기유발, 업적평가 등을 통한 조직의 효율성을 증진시키려는 관리체계

(2) 기본요소

① 목표: 성과창출 위주, 수량적으로 측정 가능하도록 설정함

② 참여: 목표설정에 상·하관리자 모두가 참여함

③ 피드백: 목표수행 전 과정에 대한 검토 등 정보 환류로 조직발전에 기여함

(3) MBO의 특징

① 목표는 직원들이 수행할 과업분석과 관련되며, 직원들과 함께 설정함

② 성과 지향적이며 현실적이고 측정이 가능해야 함

③ 목표를 향한 진행상황에 대해 정기적으로 검토함

② 피드백과 보상은 목표달성을 위해서 필수적인 요소임

(4) MBO의 실시단계

① 목표의 발견단계

② 목표의 설정단계

③ 목표의 확인단계

④ 목표의 실행단계

⑤ 평가 및 환류단계

2) MBO의 장·단점

(1) MBO의 장점

① 시간과 자원분배의 효율성 증진

② 직원의 업무배분의 합리성 증진

③ 실적에 기초한 업적평가

④ 조직 내 변화 촉구 가능

⑤ 조직목표의 상호계층성, 연관성, 일관성 유지

⑥ 조직 전체목표를 효율적으로 달성할 수 있음

⑦ Y이론 전략에 의한 참여자의 동기 유발

⑧ 기관에 대한 개인별 기여를 확인할 수 있음

(2) MBO의 단점

① 폐쇄체계를 가정함으로써 환경적 요인이 무시됨

② 단기목표만을 강조하는 경향으로 장기목표 달성의 어려움

③ 목표설정에 구성원 전체참여로 시간과 노력이 과다하게 소요됨

④ 성과의 질적 측면보다는 양적 측면만 강조하는 경향이 있음

3) 사회복지조직에 적용의 한계

① 목표와 성과를 수량적으로 표시하고 측정하는데 어려움이 있음

② 단기적 목표와 계량적 측정이 쉬운 업무에만 주력할 우려가 있음

③ 중요한 목표인 질적인 측면이 간과되는 경향이 우려됨

④ 성과를 중요시하기 때문에 수단이나 과정을 소홀히 할 우려가 있음

2. 총체적 품질관리(TQM: Total Quality Management)

1) TQM의 개념 ★★★★

(1) TQM의 의의

① 일본기업의 품질보증 절차에 착안하여 1980년대 초반 미국기업에서 적용하기 시작한 조직관리 기법

② 조직이 산출하는 서비스의 질을 향상시켜 궁극적으로 소비자의 만족을 추구하기 위한 효과적인 방법을 통합적으로 운영하는 조직관리 기법임

③ 소비자가 만족할 수 있는 고품질과 경쟁력을 확보하기 위한 전 종업원의 체계적 노력을 말함

④ 서비스 품질은 모든 단계에 걸쳐 품질 향상의 노력이 총체적으로 이루어짐

(2) TQM의 특징

① 조직을 지속적으로 개선하는 시스템을 구축하는 원리

② 고객만족을 우선적 가치로 하는 경영 철학

③ 자원의 효율적 이용과 서비스의 질을 강조함

④ 모든 업무를 개선하기 위하여 통계자료를 활용함

⑤ 조직의 문제점을 발견하고 시정함에 있어 지속적인 학습과정을 중요시함

⑥ 서비스의 생산과정과 절차의 지속적인 개선을 강조함

⑦ 기존의 경영방법 및 기술적인 방법들을 개선하고 통합 운영함

⑧ 구성원의 참여와 활성화 전략을 중요시함

(3) TQM의 주요 원칙

① 고객중심: 고객의 요구조건에 대한 충분한 사전정보 및 분석

② 품질개선: 고객의 욕구수준에 부합하는 고품질 확보

③ 공정개선: 품질개선을 위한 지속적인 생산 및 사후서비스 과정관리

④ 전원책임: 품질은 최고 관리층을 포함한 전 직원의 공동책임으로 함

2) 사회복지조직의 적용

(1) TQM도입의 필요성 강조

① 사회복지조직의 생존이 바로 기관에서 제공하는 서비스의 질에 의존함

② 서비스의 질 향상을 위해서는 물적 요소보다는 인적요소가 더욱 중요함

③ 최근 복지환경변화에 대처하는 방향으로 TQM기법 도입의 필요성이 주장됨

(2) TQM적용의 한계

① 사회복지조직이 산출하는 휴먼서비스의 질과 효과성을 객관성 있고 타당하게 측
   정할 수 있는 척도가 부족하기 때문에 도입 이후 질적 향상을 평가하기가 어려움

② 사회복지조직의 특성상 각종 TQM의 선행요건을 충족하기가 쉽지 않을 수 있음

3. 학습조직(LO: Learning Organization) ★★

1) 학습조직의 개념

(1) 학습조직의 의의

① 조직구성원들이 지속적으로 역량을 확대시키고 학습방법을 공유하며 배우는 조직형태
② 조직학습행위의 일상화·습관화로 환경변화에 신속히 적응할 수 있는 조직형태

(2) 학습조직의 도입방안

① 고객으로부터 지속적으로 학습함
② 우수경쟁사의 업무기술이나 과정을 벤치마킹하여 학습함
③ 전 종업원들이 학습하는 일이 일상화되어 있는 조직을 만듦

(3) 실행방안(행동학습)

① 조직의 중요한 문제에 초점을 둠
② 학습자원들을 조직구성원간 상호공유토록 함
③ 올바른 외부인력자원에 지원을 요청함

2) 사회복지조직에 적용

① 학습을 강조하는 조직문화와 체계적인 지식과 기술을 축적하여 조직의 역량과 경쟁력을 강화시킬 수 있는 이점이 있음
② 학습조직으로 변화시키는데 많은 시간과 자원이 소요될 수 있다는 한계도 있음

4. 애드호크러시(Adhocracy)

1) 에드호크러시의 개념

① 앨빈 토플러의 저서인 '미래의 충격'에서 등장하는 말로서 유기적·기능적·임시적·조직이라는 뜻을 가지고 있음
② 조직은 문제해결을 위한 다양한 전문적 지식이나 기술을 가진 이질적인 집단으로 조직의 변화가 심하고 적응력이 강한 임시적인 조직체계
③ 항공·전자·연구기관 등 성장산업에 적합하고, 급변하는 환경변화에 적절히 대

처할 수 있으며 관료제에 활력을 불어넣는 도구로도 활용됨

2) 에드호크러시의 장·단점

(1) 장점

① 각 분야의 전문가들로 구성되어 있어 사회 환경의 변화에도 적응력이 강함

② 조직구성원의 지위가 수평적으로 구성되어 있어 자율성과 창의력을 발휘하기 쉬움

(2) 단점

① 조직구성원들 간 권한과 책임의 한계가 명확하지 못함

② 조직이 관료제에 비해 비효율적인 구조를 취하고 있음

5. 기타 최근 조직이론

1) 벤치마킹(Benchmarking)

① 1970년대 후반 복사기 제조회사인 제록스가 경쟁사들을 분석하면서 도입된 개념임

② 지속적인 경쟁우위를 확보하기 위하여 최고의 기업과 비교하여 창조적 모방을 통해 그 차이를 뛰어 넘는 혁신을 찾는 관리 기법임

③ 사회복지조직도 다른 기관의 우수한 프로그램들을 창조적 모방을 통해 지역실정에 맞는 특화된 전문프로그램으로 재창조해야 될 것임

2) 다운사이징(Downsizing)

① 해고와 합병 등을 통해 조직을 축소시키는 것을 의미함

② 단기적인 비용절감 차원이 아닌 장기적인 차원에서 이루어지는 경영전략임

3) 리엔지니어링(Re-engineering)

(1) 개념

① 마이클 헤머(M. Hammer)가 제창한 기업 체질 및 구조의 근본적인 변혁을 지칭함

② 기업전략에 맞춰 조직구조와 업무방법을 혁신시키는 재설계 방법임

③ 기업의 생산성 향상을 위한 조직관리기법의 하나로 인원축소, 권한이양, 직원의 재교육, 조직의 재편 등이 포함됨

(2) 구성요소

① 발상의 전환, 기업의 사활을 좌우하는 요소의 개선

② 경영자의 강력한 리더십으로 업무프로세스의 근본적인 개혁

③ 매각이나 해고 등은 목적이 아니고 결과임

4) 리스트럭처링(Restructuring)

① 기존의 사업구조나 조직구조의 효율성을 기하기 위해 구조조정을 함

② 주력 사업 외 수익성이 낮은 사업은 철수하고 중복사업은 통합함으로써 개혁함

③ 지역특화프로그램의 개발 및 집중화도 일종의 리스트럭처링 사례라 할 수 있음

※ 위험관리(Risk Management)

- 위험상황을 확인, 분석, 평가하여 사고가 발생하지 않도록 최적의 위험예방 대책을 수립하는 것
- 사고가 발생했을 때 피해가 최소화되도록 안전 매뉴얼에 따른 확실한 대처와 사고 이후 수습대책을 수립하는 것 등
- 위험관리의 의의: 작업환경의 안전과 사고 예방, 서비스의 질 향상, 이용자의 선택과 결정의 중시, 이용자 만족의 추구, 이용자의 권리옹호, 조직의 유지발전, 전문성의 확보 등

01) 다음에서 설명하는 조직관리 기법은? (16회 기출)

> • 안전의 확보는 서비스의 질과 연결된다.
> • 작업환경의 안전과 사고 예방책이다.
> • 이용자의 권리옹호가 모든 대책에 포함된다.

① 목표관리기법(MBO)　　② 무결점 운동　　③ 위험관리
④ 품질관리　　　　　　　⑤ 직무만족관리

☞ 해설: 위험관리는 작업환경의 안전과 사고 예방, 서비스의 질 향상, 이용자의 선택과 결정의 중시, 이용자 만족의 추구, 이용자의 권리옹호, 조직의 유지발전, 전문성의 확보 등을 위해 필요하다.

정답 ③

02) 총체적 품질관리(TQM)에 관한 설명으로 옳지 않은 것은? (15회 기출)
① 고객중심 관리를 강조한다.
② 지속적인 서비스 품질향상을 강조한다.
③ 서비스 품질은 마지막 단계에 고려한다.
④ 의사결정은 자료 분석에 기반을 둔다.
⑤ 품질 향상은 모든 조직 구성원들의 헌신을 필요로 한다.

☞ 해설: 서비스 품질은 모든 단계에 걸쳐 품질향상의 노력이 총체적으로 이루어진다.

정답 ③

제6장
|
조직구조의 설계

1. 조직구조의 개념

1) 조직의 의의
(1) 조직의 의미
① 특정한 목표를 달성하기 위하여 의도적으로 구조화되고 계획된 사회적 단위임
② 목적과 수단을 보유하고 기관의 구조를 형성하고 그것을 변화시키는 과정임

(2) 조직의 일반적 특성
① 공동목표를 가지고 일정한 규모의 체계와 구성원을 확보하고 있음
② 구성원이 협동하여 생산한 결과가 양적 · 질적인 면에서 상승효과를 가져올 수 있음
③ 분업을 통하여 개인의 한계를 뛰어넘어 능률적으로 목표를 달성할 수 있음

2) 조직구조의 의의
(1) 조직구조의 의미

① 조직을 구성하는 틀을 의미하며 구성원들 간 상호의존 및 상호작용의 객관적 실체로서 존재하는 유형
② 수직적으로는 계층제를 유지하고 수평적으로는 통솔범위가 설정되어 있음
  – 수직적 관계: 조직구조는 명령통일이 가능하도록 구성됨
  – 수평적 관계: 전문성이나 분업에 따라 분류되어 있음

(2) 공식적 조직의 구조
① 공식적 조직은 목표를 효과적으로 달성하기 위해 조직을 구조화함
② 업무의 분화와 위계질서, 구조와 통제범위 등 구조적 요소를 고려하여 틀을 구성함

(3) 구성요소
① 조직의 규모: 조직의 규모를 나타내는 변수나 측정지표는 조직 구성원의 수 · 이용자의 수 · 물적 수용능력 · 순자산 · 매출고 등
② 조직의 기술: 조직이 일하는 방법과 작업과정에서 사용되는 지식
③ 조직의 공식화 정도: 조직 내의 직무가 표준화되어 있는 정도
④ 집권화와 분권화의 수준: 조직 내의 권력배분 양태와 권력이 위임되는 수준

2. 조직화의 원리
조직을 가장 잘 구조화시키고 능률적으로 관리하기 위한 조직화 방법으로서 기능적 접근을 강조하는 과학적 관리론자들에 의해 구체화된 이론임

1) 계층제의 원리
① 조직구성원간 권한과 책임을 배분하고 명령 · 지휘 · 복종의 관계를 명시하고 있음
② 순기능: 의사소통의 경로(권한위임, 승진 등)를 통한 업무수행의 능률성 확보 등
③ 역기능: 계층제의 심화 · 확대는 조직의 경직성 초래, 신중한 문제의 해결 곤란 등

2) 명령통일의 원리

① 한 조직원은 한 사람의 직속상관으로부터만 명령을 받아야 함
② 순기능: 의사전달의 혼란을 방지하고 책임소재를 분명히 할 수 있음
③ 역기능: 한 사람의 상관을 통해서 명령·감독을 하는 경우 업무의 효율이 저하되고 전문성의 발휘를 저해할 우려가 있음

3) 통솔범위의 원리

① 상관이나 감독자가 통솔할 수 있는 대상자나 조직단위가 한정되어야 함
② 한 사람의 상급자가 통솔하는 하급자의 수가 적으면 신속·정확하게 통솔할 수 있음
③ 한 사람의 상급자가 통솔하는 하급자의 수가 많으면 통솔의 효과성은 떨어질 수 있음

4) 분업·전문성의 원리

① 조직의 작은 단위는 분업과 전문성에 따라 나누어져야 함
② 순기능: 보다 능률적으로 행동할 수 있으므로 신속하게 업무를 처리할 수 있음
③ 역기능: 개인의 업무수행에 대한 흥미상실 초래, 조직 내 단위 간의 조정을 어렵게 하고 더 많은 비용을 들게 할 수도 있음

5) 통합조정의 원리

① 전문화되거나 분업화된 조직단위의 업무가 조직의 목표달성이라는 관점에서 일관성이 유지되어야 함
② 전문화·영역별 분파주의 발생은 조직의 목표달성에 심각한 장애요인이 될 수 있음

6) 책임의 원리

① 권한의 행사에는 반드시 그에 상응하는 책임이 수반되어야 함
② 조직 내 상급자에게 권한이 부여되지만 그와 동시에 권한에 따르는 책임도 수반됨

7) 부문화·부서화의 원리

업무분화에 의해 부서와 직무의 증가로 업무의 효율성이 저해되고 갈등도 증가되므로 조직의 효율성을 위해 목적이나 기능에 따라 조직을 개편하는 방법임

① 수(數)기준: 같은 역할을 하는 사람들을 한 슈퍼바이저 밑에 두는 방법
② 시간기준: 하루 24시간 서비스를 요하는 조직에서 2교대 또는 3교대 형태로 부문화하는 방법
③ 기능기준: 모금, 홍보, 기획, 프로그램개발업무 등과 같은 중요한 기능에 따라 동질적 업무를 묶어서 조직화하는 방법
④ 지리적 기준: 잠정적 고객 또는 클라이언트의 거주 지역에 따라 부문화하는 방법
⑤ 서비스기준: 개별사회사업, 집단사회사업, 지역사회조직사업 등 서비스의 방법에 따라 부문화하는 방법
⑥ 고객기준: 아동, 장애인, 노인 등과 같이 클라이언트의 종류와 문제에 따라 부문화하는 방법
⑦ 서비스접근 통로기준: 클라이언트가 어떤 서비스에 접근할 수 있는 통로별로 업무를 부문화하는 방법

3. 조직구조의 설계

1) 직무설계 방안

(1) 직무확충
① 직무확대: 한 직무에서 수행되는 과업의 수를 증가시키는 것
② 직무충실: 직무확대보다 더 포괄적인 개념으로 구성원들에게 더 많은 책임과 권한을 부여하는 것

(2) 직무순환 및 유연근무
① 직무순환: 업무자들이 교대로 각기 다른 관련된 직무들을 수행하는 것
② 유연근무: 구성원들이 희망에 따라 근무시간을 선택해서 규정시간을 근무토록

하는 것

2) 재구조화 방안
① 업무세분화로 인해 나타나는 문제점들을 극복하기 위해 재구조화하는 방안들임
② 사례관리: 사례관리자의 책임하에 개별 클라이언트의 복합적인 문제들을 다양한
서비스에 연결하여 문제를 해결하고자 하는 통합적인 접근방법임
② 팀제도입: 세분화된 다양한 분야들이 모두 한팀을 구성하고 클라이언트의 문제를
공동으로 해결해 나가는 방식임

3) 조정(Coordination)
(1) 조정의 개념
① 조직의 부서간, 직무간, 계층간에 분화된 활동을 하나의 전체로서 조화시켜 나가
는 것을 말함
② 조직의 전체목적을 달성하기 위한 협력적 활동이 질을 좌우하므로 조정에 필요한
정보의 흐름을 원활하게 할 수 있는 조직구조의 설계가 필요함

(2) 조정의 방안
① 수직적 조정: 조직의 상·하간 활동을 조정하는 연결장치로 계층제, 규칙, 직위의
추가 등
② 수평적 조정: 부서간 수평적인 조정을 하는 연결장치로 통합적인 정보시스템의 구
축, 팀제의 도입 등

4. 사회복지조직의 특성 및 중요성

1) 사회복지조직의 특성 ★★★
(1) 사회복지의 대상(클라이언트)
① 인간을 대상으로 하며 인간의 가치와 도덕성을 중시하고 전체적 접근 방식에 의한

개별화된 클라이언트의 욕구를 구현함

② 클라이언트는 투입과 동시에 산출이며, 사회복지서비스 기술이 사회적 가치에 제약을 받게 되므로 도덕적으로 정당화될 수 있어야 함

(2) 목표의 모호성

사회복지조직은 정부, 민간후원자, 서비스이용자와 가족, 전문가 등 이해관계자 사이의 타협으로 형성될 수 있으므로 목표가 모호하게 될 수 있음

(3) 기술의 불확실성

① 사회복지조직이 사용하는 기술은 결정적이지 않으며 대상은 인간이며 복잡한 체계로서 상호 연관되어 있음

② 다양한 속성을 지니고 있어 가변적이고 불안정한 존재임

(4) 직원과 클라이언트의 관계

① 사회복지조직의 핵심활동은 기관의 직원과 사용자(클라이언트)간 상호작용임

② 사회복지서비스의 전달과정은 직원과 클라이언트의 관계에서 이루어지므로 직원과 클라이언트의 관계는 조직의 성패를 좌우함

(5) 효과성 및 효율성 척도의 부족

사회복지조직은 대상이 인간이기 때문에 도덕적 모호성과 목표의 애매성으로 인해 효과성·효율성을 측정하는 것이 어렵고 부정확함

(6) 전문가의 중요성

사회복지조직은 주로 전문가에 의존하며 업무처리과정에서 조직 관리자의 지시뿐만 아니라 전문적 교육의 내용, 전문적 활동에의 참여, 전문 지지집단의 이용가능성 등에 의해 실천방법이 결정됨

(7) 환경의 의존성

① 사회복지조직은 조직구성원이 거의 통제할 수 없는 외적 요인에 크게 의존하게 되고, 조직의 환경을 매우 불확실하게 하는 사회적 · 경제적 변화과정에 의해서 영향을 받음
② 사회복지조직 입장에서 보면 일반 환경은 이미 주어진 환경이므로 변화시킬 수 없으나 업무환경은 변화시킬 수 있으므로 환경요소들의 욕구변화에 지속적인 관심을 두고 이를 충족시키기 위해 노력해야 함

2) 사회복지조직의 중요성 ★★★

(1) 욕구의 증대

산업화 · 도시화와 더불어 국민의 복지욕구가 증대됨에 따라 사회복지행정의 기능이 확대 · 강화되면서 효과적인 사회복지제공을 위해서는 사회복지조직의 확대 · 재편이 불가피함

(2) 효율적 성과제고

인간생활의 복지수준을 높이기 위한 과정인 사회복지행정도 기본적으로 조직을 통해서 수행하는 것이 효율적인 성과를 거둘 수 있음

(3) 급변하는 환경

1960년대 후반 전통적 조직구조에 대한 이론적 비판의 결과 급변하는 환경에 동태적으로 적응할 수 있는 새로운 조직구조의 모형을 모색하는데 노력하고 있음

01) 사회복지조직의 특성으로 옳은 것은?   (17회 기출)

① 클라이언트와 직접 접촉을 피한다.

② 정부 이외의 지원을 받지 않는다.

③ 조직성과의 객관적 증명이 쉽지 않다.

④ 법률과 규칙에 의해 운영되므로 전문성은 중요하지 않다.

⑤ 기업조직과 비교할 때 대표적 차별성은 효율성을 중요하게 여긴다는 것이다.

☞ 해설: 사회복지조직은 대상이 인간이기 때문에 도덕적 모호성과 목표의 애매성으로 인해 효과성·효율성을 측정하는 것이 쉽지 않은 것이 특징이다.

정답 ③

02) 사회복지조직의 부문화에 관한 설명으로 옳은 것을 모두 고른 것은?   (16회 기출)

> ㉠ 서비스 기준: 서비스 제공, 사례관리, 지역사회조직 등으로 구분
>
> ㉡ 지리적 기준: 클라이언트의 거주지역에 따라 구분
>
> ㉢ 기능 기준: 개별사회사업, 집단사회사업, 지역사회조직사업 등으로 구분
>
> ㉣ 시간 기준: 업무시간에 따라 2교대 혹은 3교대로 구분

① ㉠, ㉡   ② ㉠, ㉢   ③ ㉡, ㉣   ④ ㉠, ㉡, ㉣   ⑤ ㉡, ㉢, ㉣

☞ 해설: (오답 풀이)

㉠ 서비스 기준: 개별사회사업, 집단사회사업, 지역사회조직사업 등 서비스의 방법에 따라 부문화하는 방법이다.

㉢ 기능 기준: 모금, 홍보, 기획, 프로그램개발업무 등과 같은 중요한 기능에 따라 동질적 업무를 묶어서 조직화하는 방법이다.

정답 ③

제7장
|
조직구조의 형태

1. 전통적 조직형태

1) 공식조직과 비공식 조직 ★★★

(1) 공식조직

① 조직목표를 달성하기 위하여 법령 등에 의해 공식적으로 업무의 역할을 할당하고 권한과 책임을 부여하는 조직

② 권한관계의 체계중심, 지위상의 상하관계 형성, 능률의 논리, 전체적 질서 등을 특징으로 하며, 공식조직의 구조적 요소로는 분업 · 위계질서 · 구조 · 통제범위 등이 있음

(2) 비공식 조직

① 구성원 상호간의 접촉이나 친근 관계로 인해 형성되는 조직으로 구조가 명확하지 않은 조직

② 자연발생적 비합리적이며 능률보다는 감정의 논리를 우선시 하며, 소규모 집단으로 이루어지며 모든 공식조직 속에 존재하면서 공식적 조직에 영향을 미침

③ 비공식조직의 순기능
  - 의사소통의 원활화, 공식조직의 경직성 완화와 적응성 증진, 소속감 및 심리적 안정성 등의 충족과 사기앙양을 기할 수 있음
  - 공식조직의 능력보완과 쇄신적 분위기의 조성, 구성원간의 협조와 지지, 경험의 공유를 통한 업무의 능률적 수행을 기할 수 있음
④ 비공식조직의 역기능
  - 적대감정과 심리적 불안감 조성, 비생산적 규범의 형성, 정실행위의 만연가능성 등이 형성될 수 있음
  - 비공식적 의사소통의 역기능(소문 등의 만연), 공식적 권위 약화, 파벌조성 등이 형성될 수 있음
⑤ 역기능의 해결방안: 공식조직의 관리자는 조직내 비공식조직의 실태를 파악하여 공식조직의 목표와 일치하도록 설득하고 지도하여야 함

〈 공식조직과 비공식조직의 특징 〉

구분	공식조직	비공식조직
자발적 성격	주요 목적을 위하여 인위적 계획적으로 형성됨	구성원 상호간 욕구충족을 위한 것이며, 자연발생적인 성격이 강함
조직목표	공식적으로 설정되는 목표를 향해 조직전체가 통합	구성원의 욕구 또는 소망의 다양성에 따라서 목표가 달라짐
구성논리	목표달성을 위해 능률의 논리에 따라서 구성됨	감정의 논리에 따라 구성됨

2) 수직조직과 수평조직 ★★

(1) 수직조직(계선조직, 라인조직)

명령과 복종관계를 가진 수직적 구조를 형성하여 목표달성에 중심이 되는 구조로서 계층적인 형태를 띠며, 조직의 목표달성에 결정권을 가지며, 서비스대상자와 직접적인 참여를 가지고 조직의 목표달성에 기여함
① 수직조직의 장점
  - 위계적인 구조로 권한과 책임이 분명, 통솔력 행사로 조직의 안정성을 확보함

- 책임자가 결정권과 집행권을 가짐으로써 결정의 신속성을 꾀할 수 있음
② 수직조직의 단점
  - 대규모 조직에는 운영의 비효율성을 야기할 수 있으며, 책임자의 주관적이고 독단적인 의사결정을 내릴 우려가 있음
  - 특수 분야에 전문가의 지식과 경험을 활용할 수 없으며 조직이 경직될 우려가 있음

(2) 수평조직(참모조직, 스태프조직)

수직조직이 원활하게 기능을 수행할 수 있도록 지원하고 촉진하여 조직의 목표달성에 간접적으로 공헌하는 조직이며, 기획 · 인사 · 회계 · 자문 · 정보수집 등의 기능을 수행함
① 수평조직의 장점
  - 기관장의 통솔범위가 확대됨으로써 대규모 조직에 유리함
  - 전문지식과 경험을 활용함으로써 객관적이고 합리적인 의사결정이 가능해짐
  - 수평적인 업무의 조정과 협조가 가능하며, 조직의 융통성을 향상시킬 수 있음
② 수평조직의 단점
  - 책임소재를 둘러싸고 갈등이 야기될 수 있으며, 운영과 행정의 지연이 야기될 수 있음
  - 의사소통의 경로를 혼란에 빠뜨릴 우려가 있음

〈 수직조직과 수평조직의 특징 〉

수직조직	수평조직
· 계층적 성격(명령통일의 원리)	· 비계층적 성격(행정기관장의 인격확장)
· 조직목표달성에 직접적으로 기여	· 조직목표달성에 간접적으로 기여
· 명령권과 집행권 행사	· 명령과 집행권이 없음
· 수직적 복종관계	· 수평적 대등관계
· 일반사회복지행정가	· 전문사회복지행정가

3) 집권형 조직과 분권형 조직 ★★★

(1) 집권형 조직

조직 내에서 의사결정의 권한이 상층부에 집중되어 있거나 소수의 집단에 국한되어 있는 조직을 말함

① 집권형 조직의 장점
- 통일된 정책의 수립과 집행이 가능함으로써 행정통제와 지도감독이 용이해 지고 비용의 절감이 가능함
- 조직의 환경변화 시 신속한 대응이 가능하고 업무조정이나 중복을 방지할 수 있음

② 집권형 조직의 단점
- 권위적인 조직분위기로 인해 형식주의에 빠져 효과적인 행정을 하기가 어려움
- 획일적인 의사결정으로 인해 부서 또는 지역의 특수성을 고려하지 못하고, 조직 구성원의 창의성과 자발성을 저해할 수 있음

(2) 분권형 조직

조직 내에서의 의사결정의 권한이 각 계층에 위임되어 있거나 다양한 집단에 위임되어 있는 조직을 말함

① 분권형 조직의 장점
- 대규모 조직에서 행정의 효율성을 높이고 최고위층의 업무 부담을 줄이며, 구성원의 책임감을 증진시킴으로써 창의성과 자발성을 높일 수 있음
- 하위 계층이나 부서간의 횡적인 협조관계를 원활하게 할 수 있고, 참여의식을 높여 부서나 지역실정에 맞는 행정업무의 수행이 가능할 수 있음

② 분권형 조직의 단점
- 행정통제와 지도감독이 용이하지 않음에 따라 행정의 비용이 증가할 수 있음
- 환경변화시 신속한 대응이 어렵고 업무의 중복이나 행정력의 분산을 초래할 수 있음

4) 이사회와 위원회 ★★

(1) 이사회

① 조직이 그 목표를 달성할 수 있도록 법률적 책임을 지는 조직의 정책결정기구이며, 대부분의 사회복지조직의 필요성과 그 존재가치에 대한 사회적 근거를 제공함

② 사회복지사업법에 의하면, 사회복지법인에는 대표이사를 포함하여 이사 7인 이상과 감사 2인 이상을 두고, 특별한 관계에 있는 자가 이사 현원의 5분의 1을 초과할 수 없도록 규정하고 있음

③ 이사회의 기능과 책임
- 기관의 법인체를 형성하고 필요한 시설을 제공하며, 기관의 목표·정책·프로그램의 형성에 대한 책임
- 과업과 인사정책에 관한 조직설정, 기관장을 선정하고 이에 대한 업무평가를 할 책임
- 재원의 확보와 지출에 대한 책임, 기관의 책임자 및 직원의 채용·평가를 할 책임

(2) 위원회

① 해당 조직의 목표달성을 위한 특별과업이나 문제해결을 위하여 일상적인 조직과는 별도로 전문가 또는 업무관련자들로 구성된 활동기구

② 위원회 운영의 필요성
- 참여적 행정의 수단이 되며 지역주민의 참여를 독려할 수 있으며, 의사결정에 참여하는 기회를 넓혀 조직의 관리기능을 증진시킬 수 있음
- 여러 전문가들의 견해를 수집할 수 있고 행정책임자의 결정을 지원할 수 있음

(3) 이사회와 위원회의 차이점

① 이사회는 위원회에 비하여 행정책임자의 참석 없이 회의를 개최하는 경우는 드문 편임

② 이사회의 구성원 수는 위원회의 구성원수보다 적은 경우가 많으며, 위원회에 비하여 수혜자가 참여하는 경우가 드문 편임

③ 이사회는 위원회에 비하여 조직의 운영과 서비스의 전달에 더 많은 영향을 미치며

정책을 결정하고, 위원회는 사안을 건의하고 자문하는 역할을 주로 함

5) 사업부제 조직

① 대규모조직에서 사업부단위로 조직을 편성하고 독자적인 생산과 마케팅, 관리권
   한을 부여하는 조식구조임
② 제품별·지역별·시장별로 이익 중심점을 설정하여 독립채산제를 실시하고 개별
   조직처럼 운영함
③ 사업부제의 장점
   – 업무수행에 대한 통제와 평가가 쉬움
   – 동기부여와 관리자의 능력을 개발하는데 유효함
   – 생산·판매능력의 증대, 혁신적인 문제에 효과적으로 대처할 수 있음
④ 사업부제의 단점
   – 조정과 통제, 효율성 등에 제약이 따름

2. 동태적 조직형태

1) 프로젝트조직(TF: Task Force) ★★

(1) 프로젝트조직의 의의

① 특정한 과제를 수행하기 위해 관련 부서에서 인력을 파견하여 팀을 구성
② 구성원의 관계는 수평적 관계이며 전문성을 가진 직원으로 운영
③ 프로젝트를 해결한 후 원래 자신의 부서로 복귀하는 임시적 조직

(2) 프로젝트조직의 장·단점

① 장점: 조직이 구성되어 있는 동안 자원과 재능을 과업에 집중할 수 있음
② 단점: 임시조직으로 제안한 과업이 집행되지 않거나 변질될 수 있음

2) 행렬조직(Matrix Organization) ★★

(1) 매트릭스 조직의 의의

① 전통적인 기능조직과 프로젝트조직이 결합된 행렬조직 형태

② 직무별 분업을 강조하면서 동시에 사업별 협력을 강조하는 조직 형태

③ 수직적 구조와 수평적 구조를 합한 형태의 공식조직으로 전환됨

④ 전문성을 기초로 조직이 구성되며 민주적인 의사결정에 의해 운영됨

(2) 매트릭스 조직의 장·단점

① 장점: 구성원의 참여 등 민주적인 의사결정이 조직의 동력으로 작용하여 종업원의 능력과 재능을 최대한 이용할 수 있으며, 급속한 환경변화에 신속히 대처할 수 있음

② 단점: 책임이나 권한이 애매하며 조정을 위한 의사결정이 지연될 수 있으며, 프로그램관리자의 불만이 고조되는 원인을 제공하거나 역할갈등을 초래하기 쉬운 면이 있음

3) 팀(Team) 조직 ★★★

(1) 팀 조직의 의의

과거의 전통적인 조직체계인 부·과·계의 조직을 업무재편을 통해 통합하고 분할하여 팀으로 전환함으로써 팀장을 중심으로 업무가 이루어지도록 만든 조직형태

(2) 팀 조직의 장·단점

① 장점: 신속한 의사결정과 자율적 책임제로 조직간 유연성을 강화할 수 있음

② 단점: 팀 간의 갈등을 심화시키거나 개별적 창의성을 약화시킬 수도 있음

4) 네트워크(Network)조직 ★★★

(1) 네트워크조직의 의의

① 환경변화에 보다 신속하고 적절하게 대응할 수 있도록 외부자원의 효과적 활용을 꽤하는 조직으로 지역복지에서 조직간 네트워크 조직화가 필요함

② 지역복지공동체를 지향하고 사회자본을 증대시키는 효과를 거둘 수 있고, 네트워

크상의 참여자들 간의 호혜성과 상호의존성을 증진시킬 수 있으며 지역사회의 통합적 사회복지 수행체계 구축에도 유효함

(2) 네트워크조직의 특징

① 지역사회 차원의 공공기관과 민간기관들 간 협력 및 연계에 유리한 조직구조 형태
② 자신이 보유한 자원을 핵심 사업에 집중하고 그 나머지 부문은 아웃소싱을 함
③ 조직간 서로 다른 강점을 결합함으로써 사업수행에 시너지효과를 창출함
④ 밀도와 응집력이 높은 네트워크 구축을 위해서는 개인적 유대 강화가 필요함

01) 행렬조직(Matrix Organization)에 관한 설명으로 옳은 것은?　　(17회 기출)

① 직무배치가 위계와 부서별 구분에 따라 이루어지는 전형적 조직이다.

② 조직운영을 지원하는 비공식 조직을 의미한다.

③ 합리성을 강조하기 때문에 조직 유연성을 저하시킬 수 있다.

④ 직무별 분업을 인정하면서 동시에 사업별 협력을 강조한다.

⑤ 현실에서 작동하지 않는 가상의 사업조직을 일컫는다.

☞ 해설: 행렬조직(Matrix Organization) 참조

• 전통적인 기능조직과 프로젝트조직이 결합된 행렬조직 형태이다.

• 직무별 분업을 강조하면서 동시에 사업별 협력을 강조하는 조직 형태이다.

• 수직적 구조와 수평적 구조를 합한 형태의 공식조직으로 전환된다.

• 전문성을 기초로 조직이 구성되며 민주적인 의사결정에 의해 운영된다.

정답 ④

02) 조직구조에 관한 설명으로 옳지 않은 것은?　　(14회 기출)

① 수평적 분화에서는 통제의 범위를, 수직적 분화에서는 조정과 의사소통의 수준을 고려하여 설계한다.

② 업무의 표준화는 조직운영의 경제성과 예측성을 높이기 위한 활동이다.

③ 정보가 과다하게 집중되어 있는 상황에서 의사결정의 집권화는 실패 가능성을 줄일 수 있다.

④ 공식적 권한의 집중과 분산은 조직 관리의 효과성 · 효율성과 연관되어 있다.

⑤ 공식화는 구성원들의 업무 편차를 줄이는데 효과적이다.

☞ 해설: 정보가 과다하게 집중되어 있는 상황에서 실패 가능성을 줄일 수 있는 방법은 의사결정을 분권화하는 것이다.

정답 ③

제8장
—
사회복지조직의 유형

1. 조직의 일반적 유형

1) 권력형태에 따른 조직유형(A. Etzioni) ★★★
(1) 권력의 형태
① 강제적 조직: 조직구성원이 강제적으로 명령에 순응하도록 규정되어 있는 조직
   예) 강제수용소, 교도소, 정신병원, 군대와 경찰 등
② 보상적 조직: 산업현장의 조직처럼 보수가 조직구성원으로 하여금 조직의 명령에
   순응하도록 하는 조직
   예) 기업 등 산업조직
③ 규범적 조직: 이념이나 규범이 조직구성원으로 하여금 조직에 순응하도록 하는
   조직
   예) 종교조직, 정치조직, 사회복지조직, 학교조직, 병원조직 등

(2) 관여의 형태
① 소외적 관여: 권력행사에 대해 강하게 부정하므로 강제적 권력이 필요

② 타산적 관여: 획득된 보상에 강한 긍정을 나타내므로 공리적 권력이 필요

③ 도덕적 관여: 권력 행사자에 대한 강한 긍정을 나타내므로 규범적 권력이 필요

(3) 조직의 유형

유형1·유형5·유형9가 가장 많이 발견되며, 조직은 이 3가지 중 하나의 형태를 취하는 것이 일반적임

> ※ 사회복지조직은 휴먼서비스에 대한 사명감이나 이념이 조직구성원으로 하여금 조직의 명령에 순응하도록 하는 성향을 가지고 있기 때문에 규범적 조직에 해당됨

〈 권력형태에 따른 조직유형(A. Etzioni) 〉

구분	소외적 관여	타산적 관여	도덕적 관여
강제적 권력	*** 유형1** (수용소, 정신병원, 형무소)	유형2	유형3
보상적 권력	유형4	*** 유형5** (산업조직)	유형6
규범적 권력	유형7	유형8	*** 유형9** (종교, 정치, 학교, 병원, 사회복지조직 등)

2) 수혜자의 유형에 따른 조직분류(P. Blau & W. Scott) ★★

(1) Blau & Scott은 1차적인 클라이언트(수혜자)가 누구인가에 따라 조직을 분류함

① 상호수혜조직: 조직의 주된 수혜자가 조직의 일반구성원이 되는 조직

　예) 정당, 종교단체, 노동조합 등

② 사업조직: 조직의 주된 수혜자가 조직의 관리자나 소유자가 되는 조직

　예) 주식회사, 은행, 보험회사 등

③ 서비스조직: 조직의 주된 수혜자가 조직과 직접 접촉하고 있는 일반 대중이 되는 조직

　예) 사회복지기관, 병원, 학교, 법률상담소, 정신병원 등

④ 공익조직: 조직의 주된 수혜자가 대중 전체가 되는 조직

　예) 행정기관, 경찰, 군대, 소방서 등

(2) 사회복지조직

클라이언트가 수혜자이기 때문에 서비스조직으로서의 성격을 가지고 있으며 또한 공익조직으로의 성격도 가지고 있음

〈 수혜자의 유형에 따른 조직분류(P. Blau & W. Scott) 〉

구분	1차적 수혜자	2차적 수혜자
상호수혜조직	조직의 회원	정당, 종교단체, 노동조합
사업조직	사업체의 소유자 또는 관리자	주식회사, 은행, 보험회사
서비스조직	클라이언트	사회복지기관, 병원, 정신병원
공익조직	일반 대중	행정기관, 군대조직

3) 조직의 규모와 관리의 복잡성에 따른 분류(Mintzberg) ★★

조직의 규모와 관리의 복잡성에 따라 5가지로 분류함

① 단순조직: 상대적으로 소규모 조직, 조직 환경이 매우 동태적이며 조직기술은 정교하지 않은 조직

② 기계적 관료제조직: 조직규모가 크고 조직 환경이 안정, 표준화된 절차에 의하여 업무가 수행되는 조직

　예) 은행, 우체국, 공무원조직, 군대조직 등

③ 전문관료조직: 전문적 기술적 훈련을 받은 조직구성원에 의하여 표준화된 업무 수행과 전문가 중심의 분권화된 조직

　예) 대학, 종합병원, 사회복지기관, 컨설팅회사 등

④ 분립구조·사업부제조직: 독자적 구조를 가진 분립적 조직, 중간 관리층이 핵심적 역할을 하는 조직

　예) 대기업, 대학본교, 대형 종합병원조직 등

⑤ 애드호크러시(Adhocracy)조직: 고정된 계층구조를 갖지 않고 공식화된 규칙이나 표준화된 운영절차가 없는 조직

예) 첨단기술연구소, 우주센터 등

4) 사회기여의 종류에 따른 분류(T. Parsons)

(1) 조직을 사회기여의 종류에 따라 4가지로 분류

① 생산조직: 사회의 적응기능을 수행하는 경제적 생산과 분배에 종사하는 조직

예) 회사, 공기업 등

② 정치조직: 사회자원을 동원하여 사회적 목적과 가치를 창조하는 조직

예) 공공행정기관이나 정당 등

③ 통합조직: 사회의 안정을 유지하고, 사회적 갈등의 조정과 일탈방지에 종사하는 조직

예) 사법기관, 경찰, 정신병원, 사회복지조직 등

④ 유형유지조직: 사회체제의 독특한 문화와 가치를 보존하고, 문화형태의 전승이나 교육적 기능을 수행하는 조직

예) 학교, 교회, 문화단체 등

(2) 사회복지조직

사회구성원이 함께 일하고 나누어가지는 가치를 실현함으로써 사회통합을 추구하는 조직이기 때문에 통합조직으로서의 성격을 가짐

※ 운영주체에 따른 분류(M. Gibelman)

• 운영주체에 따라 공공조직, 준공공조직, 준민간조직, 민간조직으로 분류함

• 공공조직과 민간조직은 운영주체, 설립근거, 운영체계 등에서 차이점이 있지만 오늘날 점점 그 경계가 모호해지고 있음

• 민간조직과 공공조직의 특성이 상호 융합된 중간형태의 조직인 하이브리드(hybrid)조직이 출현하고 있음(예, 준공공기관, 준민간조직 등)

---

2. 사회복지조직의 유형

1) 클라이언트의 상태와 조직기술에 따른 분류(Y. Hansenfeld) ★★
사회복지조직이 클라이언트를 변화시키기 위해 사용하는 기술과 클라이언트가 정상기능인지 비정상기능인지에 따라 6가지로 분류함

(1) 클라이언트를 변화시키기 위해 사용하는 기술
① 인간식별기술: 인간의 문제 혹은 욕구 등의 지위를 판단하는 기술로서 분류하고 배치하는 활동으로 구성
② 인간유지기술: 인간의 안정화를 가져오기 위한 기술로서 문제의 상태를 악화시키지 않고 그들의 존엄성과 가능성을 유지하고 보호하는 활동으로 구성
③ 인간변화기술: 인간의 문제 상태에 대한 개입을 통해 지위의 완전한 변화를 가져오기 위한 기술로서 계획된 바람직한 변화를 만드는 활동으로 구성

(2) 클라이언트의 상태
① 정상기능: 정상기능을 가진 클라이언트
② 비정상기능: 통제해야 할 클라이언트, 문제가 완화되어야 할 클라이언트, 치유되어야 할 클라이언트 등

(3) 조합에 의한 조직유형
① 유형1: 정상기능을 가진 클라이언트에 대한 인간식별 기술조직
  예) 대학교 신입생 선발, 신용카드회사 등
② 유형2: 비정상기능을 가진 클라이언트를 일정한 기준에 의하여 식별, 그들을 관리하는 조직에 대한 인간식별 기술조직
  예) 소년법원, 진료소 등
③ 유형3: 정상기능을 가진 클라이언트의 인간다운 생활조건을 유지하기 위하여 활동하는 조직
  예) 사회보장청, 휴양시설 등

④ 유형4: 비정상기능을 가진 클라이언트에 대한 생활조건유지를 목적으로 하는
  조직
  예) 공공부조사무소, 요양시설 등
⑤ 유형5: 정상기능을 가진 클라이언트에 대하여 교육·훈련 등을 통하여 능력이나
  생활조건을 향상시키려는 조직
  예) 국공립학교, YMCA 등
⑥ 유형6: 비정상기능을 가진 클라이언트의 능력이나 생활조건을 개선코자 하는
  조직
  예) 공공병원, 수용치료센터 등

〈 클라이언트의 상태와 조직기술에 따른 유형(Y. Hansenfeld) 〉

구분		사용기술 유형		
		인간식별기술	인간유지기술	인간변화기술
클라이언트상태	정상기능	**유형1**	**유형3**	**유형5**
		대학신입생선발, 신용카드회사	사회보장청, 휴양시설	국공립학교, YMCA
	비정상기능	**유형2**	**유형4**	**유형6**
		소년법원, 진료소	공공부조사무소, 요양시설	공공병원, 수용치료센터

2) 업무의 통제성에 따른 조직분류(G. Smith) ★★

사회복지조직을 업무통제에 따라 4가지로 분류함

① 관료조직: 공식적인 조정과 규정, 위계적 구조, 전문적 분업, 문서에 의한 업무
  처리, 기술적 자격에 기초한 신분보장 등을 특성으로 하는 합리적인 통제체제의
  조직
② 일선조직: 조직의 주도권이 일선업무 단위에 있으면서, 고객과 가까이에서 복지서
  비스를 전달하며, 각 업무단위가 상호 독립적으로 수행하며 직접적인 통제가 어려
  운 조직
③ 전면적 통제조직: 클라이언트를 강제로 혹은 자의적으로 시설에 수용했을 때, 관

리자가 수용자에 대한 강한 통제권을 가지는 조직

　예) 정신병원, 기숙사, 교도소, 요양시설 등

④ 투과성 조직: 조직의 구성원 또는 참여자가 자발적으로 참여하며, 개인의 가정과 사생활에 침해받지 않고 조직의 문화나 규정에 의한 통제성이 약하고 조직의 활동이 거의 노출되는 조직

　예) 자원봉사활동조직 등

〈 조직관리 관련용어 〉

- 레드테이프(red tape, 번문욕례)

　불필요한 형식이나 절차를 강조하는 현상을 말하며, 행정절차에서 목적이나 목표보다 규정이나 절차를 중시하는 현상이다.

- 서비스과 활용(over-utilization)

　욕구에 부합되지 않는 사람이 서비스를 이용하는 경우를 말한다.

- 매몰비용(sunk cost)

　이미 사업에 투입된 비용을 말하며, 이로 인해 효과가 낮은 사업이라도 중단하기 어려운 경우에 직면하게 된다.

- 크리밍(creaming)현상

　서비스조직들이 보다 유순하고 성공가능성이 높은 클라이언트를 선발하기 위해 비협조적이거나 어려울 것으로 예상되는 클라이언트를 배척(떠넘기기)하는 현상이다.

- 다운사이징(downsizing)

　해고에 의한 감원, 원가절감을 위한 기구 통폐합 등 조직을 축소하는 것이다.

- 기회비용(opportunity)

　어떤 기회를 포기하거나 상실함으로써 발생하는 비용이다.

- 사례관리(care management)

　복합적 욕구를 가진 개인이 기능을 회복하고 증진할 수 있도록 개인과 주변환경을 변화시키기 위해 지속적이고 통합적으로 개입하는 서비스모델이다.

- 의뢰

  비협조적이거나 어려울 것으로 예상되는 클라이언트를 타 기관에 보내는 것을 말한다.

- 스태핑(staffing)

  고용관리를 말하며 현재 또는 미래의 결원에 대비하여 잠재력 있는 지원자들을 판단하고 시기 적적하게 합리적인 구성원의 선발과 배치를 결정짓기 위한 기업의 한 직능이다. 대상자의 취업 성공률을 높이기 위해 전담직원을 채용해서 맞춤형 프로그램을 기획하고 담당하도록 하는 것도 한 사례에 해당된다.

01) 다음에서 나타나지 않은 현상은?　　　　　　　　　　　**(17회 기출)**

A지역자활센터는 대상자의 취업 성공률을 높이기 위해 전담직원을 채용해서 맞춤형 프로그램 기획을 담당하도록 하였다. 또한 대상자를 개별적으로 사정, 상담하여 취업에 취업방해요인을 분석하였다. 몇몇 대상자들은 A센터의 취업 성공률을 낮출 것이라고 보고 타 기관으로 보낼 방안을 검토하고 이를 요청하였다.

① 서비스 과 활용
② 크리밍
③ 의뢰
④ 사례관리
⑤ 스태핑(staffing)

☞ 해설: 조직관리 관련 용어 참조
• 서비스 과 활용(over-utilization): 욕구에 부합되지 않는 사람이 서비스를 이용하는 경우를 말한다.

정답 ①

02) 사회복지조직에 관한 설명으로 옳지 않은 것은?   (16회 기출)

① 에치오니(A. Etzioni)의 권력 형태에 따른 분류 중 사회복지조직은 규범적 조직에
   속한다.

② 블라우와 스콧(P. Blau & W. Scott)이 제시한 호혜적 조직은 조직 구성원들이 주
   요 수혜자인 조직을 말한다.

③ 스미스(G Smith)는 업무통제에 따라 사회적 경제조직, 사업조직, 공공조직으로 분
   류하였다.

④ 지벨만(M. Gibelman)은 운영주체에 따라 공공조직, 준공공조직, 민간조직, 준민
   간 조직으로 분류하였다.

⑤ 하센필드(Y. Hansenfeld)는 사회복지조직의 조직기술을 인간식별기술, 인간유지
   기술, 인간변화기술로 구분하였다.

☞ 해설: 스미스(G. Smith)는 업무통제에 따라 관료조직, 일선조직, 전면적 통제조직,
투과성 조직을 분류하였다.

정답 ③

제9장
|
사회복지서비스 전달체계

1. 사회복지서비스 전달체계의 개념

1) 사회복지전달체계의 의의 ★★

지역사회체계 속에서 사회복지서비스의 공급자와 소비자(클라이언트, 고객 또는 수혜자)간을 연결시키기 위한 조직적 장치라고 할 수 있음(Gilbert & Terrell, 1988)

(1) 협의의 전달체계(집행체계)

① 서비스 전달자인 사회복지사와 서비스를 받는 고객인 클라이언트 사이의 대면적 상호관계를 통하여 일정한 장(setting)에서 서비스를 전달하는 집행체계

② 공급자는 전달체계를 통하여 수요자에게 사회복지급여나 서비스를 제공하고, 수요자는 전달체계를 통하여 원하는 급여나 서비스를 제공받음

③ 사회복지급여나 서비스의 공급자는 국가나 지방자치단체와 같은 정부기관일 수 있고, 국민연금공단과 같은 공공기관일 수도 있으며, 비영리법인일 수도 있고, 순수 민간차원의 단체나 기관일 수도 있음

(2) 광의의 전달체계(행정체계+집행체계)

상부의 행정체계로부터 규제, 지원 및 감독을 받으며 서비스를 전달하는 서비스 전달 체계로 집행체계와 행정체계를 포함함

2) 서비스전달체계의 주요 원칙 ★★★

(1) 전문성의 원칙

① 사회복지서비스의 핵심적 주요 업무는 반드시 전문가가 담당해야 함
② 전문가란 자격이 객관적으로 인정된 사람으로 자신의 전문적 업무에 대한 권위와 자율적 결정권 및 책임성을 지닌 사람
　예) 사회복지사, 간호사, 물리치료사 등, 그 중에서 가장 보편적인 전문가는 사회 복지사임

(2) 적절성(충분성)의 원칙

① 사회복지서비스는 그 양 및 질과 제공하는 기간이 서비스의 목표달성에 충분해 야 함
② 공공부조제도가 최저생계비 수준에 미치지 못하거나 실질적인 자활을 이끌어내지 못한다면 그것은 적절하지 못한 제도라고 할 수 있음

(3) 포괄성의 원칙

인간의 욕구는 다양하고 복잡하기 때문에 이러한 다양한 욕구나 문제를 동시에 또는 순차적으로 해결하기 위해서는 다양한 서비스가 필요함
① 일반화 접근방법: 한 사람의 전문가가 여러 문제를 다루는 방법
② 전문화 접근방법: 각각 다른 전문가가 한 사람의 여러 문제를 다루는 방법
③ 집단 접근방법: 여러 전문가들이 한 팀이 되어 문제를 해결하는 방법
④ 사례관리방법: 한 전문가가 책임을 지고 계속적으로 필요한 서비스와 전문가를 찾 아 연결시켜 주고 적절한 서비스를 받을 수 있도록 하는 방법

(4) 지속성(연속성)의 원칙

개인의 문제나 욕구를 해결하는 과정에서 한 개인이 필요로 하는 다른 서비스는 조직 또는 지역사회 내에서 연속적이고 지속적으로 제공받을 수 있도록 상호연계되어야 함

(5) 통합성의 원칙
① 클라이언트의 문제는 대부분의 경우 복합적이고 상호 연관되어 있기 때문에 이러한 문제의 해결을 위한 서비스들도 서로 연관시켜 제공함
② 서비스가 통합적으로 제공되기 위해서는 한 책임자 아래 서비스들이 제공되고, 제공 장소들이 지리적으로 상호 근접되고 서비스프로그램 간 또는 서비스를 전달하는 조직간 유기적 연계와 협조체제를 갖추어야 함

(6) 평등성의 원칙
특별한 경우 소득수준이나 연령으로 제한을 하는 경우를 제외하고는 기본적으로 성별, 연령, 소득, 지역, 종교, 지위와 관계없이 모든 국민에게 사회복지서비스 제공함

(7) 책임성의 원칙
① 서비스 제공자로서의 책임을 말하는 것으로서 사회에 대한 책임, 복지대상자에 대한 책임 및 전문가에 대한 책임
② 책임성에 대한 문제는 서비스의 효과성과 밀접한 관련을 가지고 있음
③ 책임을 져야 할 주요 내용: 서비스가 클라이언트의 욕구에 적절히 대응하는 것인가, 전달절차가 적합한가, 서비스가 효과적이고 효율적인가, 서비스 전달과정에서의 불평과 불만의 수렴장치는 적합한가 등

(8) 접근성의 원칙
① 사회복지서비스는 그것을 필요로 하는 사람들이면 누구나 쉽게 받을 수 있어야 하기 때문에 클라이언트가 접근하기에 용이하여야 함
② 클라이언트가 서비스를 제공받는 데 장애가 되는 다양한 요인들을 제거하는 것
③ 사회복지서비스의 접근성을 방해하는 요인

- 정보의 장애: 서비스에 대한 정보의 결여 또는 부족
- 지리적 시간적 장애: 원거리, 교통 불편, 서비스제공 시간 등
- 심리적 장애: 수치심, 부정적 사실을 표출하는 것에 대한 두려움 등
- 선정절차상의 장애: 대상자선정 기준의 복잡성, 긴 처리기간 등
- 자원의 부족: 서비스제공 인력 또는 물적 자원의 부족 등

3) 서비스전달체계의 통합방법 ★★★

(1) 종합서비스센터

한 분야의 서비스를 두고서 그와 관련된 복수의 서비스들을 모두 한 곳에 모아 제공될 수 있게 함

예) 종합사회복지관, One Stop Service 등

(2) 단일화된 인테이크(in-take)

전달체계 내의 조직들이 인테이크를 전담하는 공동창구를 두고 그 결과에 따라 적절한 서비스기획을 개발하는 것으로 종합서비스센터 다음으로 집중화의 강도가 높은 통합전략임

(3) 종합적인 정보와 의뢰시스템

조직들은 각자의 독립성을 유지한 상태에서 단지 클라이언트의 교환이나 서비스간의 연결을 목적으로 정보와 의뢰시스템을 강화하는 방법

(4) 사례관리

① 다양하고 복합적인 문제를 가진 개인이나 가족이 기능을 회복하고 증진할 수 있도록 개인과 주변 환경을 변화시키기 위해 지속적이고 통합적으로 개입하는 서비스 모델
② 사례관리자가 중심이 되어 개별조직들에 분산되어 있는 서비스들을 클라이언트의 욕구에 맞추어 연결하고 관리하는 서비스

(5) 트레킹(tracking)

클라이언트가 받은 서비스의 경로와 행적을 추적해서 정보를 서로 공유할 수 있도록 하는 시스템을 의미함

2. 서비스전달체계의 구분

1) 구조 · 기능적 구분
(1) 행정체계

서비스전달을 기획 · 지원 · 관리하는 체계로 서비스를 간접적으로 전달함

예) 기초생활보장제도: 보건복지부, 시 · 도, 시 · 군 · 구

(2) 집행체계

수혜자들과 직접적인 대면관계를 통해 서비스를 전달하는 과정으로 행정체계의 지휘를 받으며, 규정이나 법규로 해결될 수 없는 복합적인 인간문제를 다루며, 가치 지향적이고 자율적이며 신축적인 운영이 필요함

예) 기초생활보장제도: 읍 · 면 · 동

2) 운영주체별 구분
(1) 공공 전달체계

정부(중앙 및 지방자치단체)나 공공기관(각 공단 등)이 직접 관리 · 운영을 담당함

예) 보건복지부를 중심으로 중앙정부, 지방자치단체 등

(2) 민간 전달체계

일반적으로 민간 사회복지기관이나 단체 및 개인이 직접 관리 · 운영을 담당함

예) 사회복지법인, 비영리 사단법인 및 재단법인, 종교단체, 기타 비영리 민간단체 등

3. 서비스전달체계의 유형

1) 중앙정부 전달체계 ★★
(1) 중앙정부의 필요성
① 사회복지재화나 서비스 가운데 의료나 교육서비스와 같은 것은 그 속성상 공공재
   적인 성격이 강하여 모든 국민들을 대상으로 하는 것이 전체사회 이득의 관점에서
   유리한데, 현실적으로 이것은 중앙정부만이 할 수 있음
   예) 사회보험
② 사회복지정책이 추구하는 가장 중요한 목표인 평등(소득 재분배)과 사회적 적절성
   (형평성)의 두 가치를 구현하는데 중앙정부가 유리함
   - 중앙정부의 정책에 의해서만 조세의 징수와 급여제공의 양면에서 모든 국민들
     의 소득분배형태에 영향을 줄 수 있음
   - 중앙정부의 소득재분배정책에 대해서는 정치적 저항이 적을 수도 있음
③ 중앙정부에 의한 사회복지정책은 다양한 사회복지에 대한 욕구를 체계화하고 다
   양한 프로그램을 통합·조정하거나 지속적이고 안정적으로 유지하는데 유리함

(2) 중앙정부의 문제점
① 중앙정부에서 제공하는 서비스나 재화들은 그것들의 공급량이나 형태에 관한 수
   급자의 선택이 반영되기 어렵기 때문에 효용을 극대화하는 데 한계가 있음
② 중앙정부의 서비스나 재화는 공급자가 독점적이기 때문에 경쟁적인 체계에 비하
   여 가격과 질에 있어 불리할 수 있음
③ 중앙정부를 통하여 제공되는 재화나 서비스는 정부조직의 관료성으로 인하여 수
   급자의 욕구에 대한 대응이 빠르지 못하고, 지역의 특수한 욕구에 대응하는데 융
   통성이 적음

2) 지방자치단체 전달체계 ★★★
(1) 지방자치단체의 필요성
① 지역주민의 욕구를 중앙정부보다 더 효율적으로 해결할 수 있으며, 지방자치단체

간 경쟁논리에 의해 질 높은 서비스개발이 용이함

② 실험적인 서비스 개발이 용이하여 수급자들의 변화되는 욕구에 적극적인 대처가 가능하고, 수급자들이 정책결정에 참여할 기회가 많아져 수급자의 입장이 반영될 가능성이 높음

(2) 지방자치단체의 문제점

① 지역 간의 불평등을 야기하거나 사회통합을 저해(재정자립도의 차이)할 수 있음

② 프로그램의 안정성과 지속성이 취약함

〈 사회복지전달체계의 변화 〉

- 2010년 1월부터 복지통합정보시스템으로 "사회복지통합관리망(행복e음)"이 개통됨
- 2012년 5월부터 시·군·구에 "희망복지지원단"이 설치·운영되었으며, 지역별 통합사례관리가 활발하게 전개되었음
- 2013년 2월부터 정부 전 부처 복지사업정보를 연계하여 개인별, 가구별 복지서비스의 이력관리, 중복 또는 부정수급방지, 중앙부처 복지사업의 정보제공, 복지사업의 업무처리지원 등을 위한 "사회보장정보시스템"이 완전 개통되었음
- 2015년 7월부터 맞춤형 기초생활보장제도가 시행되었음
- 2016년부터 2018년까지 맞춤형 통합서비스를 목적으로 읍·면·동 복지허브화사업을 시작하였고, 읍·면·동 주민센터의 복지기능 강화를 추진하면서 명칭도 "행정복지센터"로 변경하였음

3) 민간부문 전달체계 ★★★

민간전달체계는 대부분 사회복지서비스 부문에 집중되어 있으며 이 부문도 사회복지 공급주체에 따라 다소 상이하긴 하나 대개 정부의 부분적인 재정지원과 행정적인 지도·감독아래 민간은 다양한 형태와 방법으로 전달체계가 수립·운영됨

(1) 민간전달체계의 필요성

① 정부가 제공하는 서비스에서 배제되는 클라이언트에 대한 서비스 제공이 가능할 뿐만 아니라 정부가 제공할 수 없는 서비스의 제공도 가능함

② 클라이언트에게 다양한 제공주체에 의한 동일한 종류의 서비스를 선택할 수 있는 기회를 제공함으로써 제공 주체간의 경쟁을 유발하여 서비스를 높일 수 있음

③ 민간에서 발생하는 사회복지적 참여욕구를 수렴할 수 있으며 정부의 사회복지활동에 대한 압력단체로서 역할을 수행할 수 있음

④ 국가의 사회복지비용을 절감시킬 뿐만 아니라 사회복지 서비스의 선도적 개발 및 보급을 하는 역할을 담당할 수 있음

(2) 민간전달체계의 구조

① 민간사회복지조직은 영리를 목적으로 하지 않는 주민조직과 사회복지법인, 비영리사단법인과 재단법인, 종교단체 등이 사회복지사업을 목적으로 운영하는 시설과 기관을 포함

② 우리나라의 경우 행정당국의 지도·감독을 크게 받지 않고 독자적으로 운영하는 민간사회단체나 기타 비영리법인 등에 의해 사회복지서비스가 전달되는 경우는 적은 편임

(3) 민간 전달체계의 기능

① 정부에서 제공하는 서비스를 받지 못하는 비대상자에게 제공할 수 있으며, 정부가 제공할 수 없는 서비스도 제공할 수 있음

② 동종서비스에 대한 선택의 기회를 제공하고 사회복지서비스의 선도적 개발과 보급을 신속하게 제공할 수 있음

③ 민간의 복지참여에 대한 욕구를 수렴하고 정부의 사회복지비용을 절감시킬 수도 있음

4) 민·관 혼합전달체계 ★★★

(1) 의의

① 사회복지 재화나 서비스들 가운데 어떤 것들은 정부와 민간부문의 혼합체계를 통하여 제공되기도 하지만 이러한 전달체계는 특히 오늘날의 '복지국가의 위기'의 시대에서 민영화(民營化)의 이름하에 강조되고 있는 경향이 있음

② 정부와 민간부문 혼합체계의 세부적 형태들은 다양한데, 사회복지프로그램의 운영은 민간부문이 맡도록 하되 정부가 민간부문에 재정적 지원을 하면서 일정한 조건을 붙여 여러 가지 규제를 한다는 점에서는 유사함

(2) 정부와 민간부문과의 계약(위탁운영): 국·공립시설

① 정부와 민간부문의 혼합체계 가운데 대표적인 형태는 정부가 제공할 재화나 서비스를 민간부문이 제공하도록 하는 대신 그것에 소요되는 비용을 정부가 부담하는 형태

② 정부는 일정한 재원 내에서 특정의 서비스를 지정만 할 뿐 그 서비스를 받기 위한 자격, 서비스의 형태, 세부적인 전달방법 등에 관한 규제 없이 민간부문이 독자적으로 운영하도록 하는 유형

(3) 정부의 민간부문 재정보조: 민간법인·시설 등

① 정부와 민간부문의 혼합체계는 정부가 민간부문 사회복지기관에 단순히 재정보조만 해주고 어떠한 규제도 하지 않는 형태로써 상기의 계약은 최소한 특정서비스를 지정함

② 민간부문의 독립성을 크게 높여 민간부문의 장점들을 부각시킬 수 있으므로 재화의 속성상 국가에 의하여 제공될 필요가 약하다면, 이 형태가 정부와 민간부문의 혼합체계 가운데 바람직한 형태라 할 수 있음

5) 통합사례관리 – 희망복지지원단(2012년 7월) ★★★

(1) 통합사례관리의 필요성

① 탈 시설화의 영향으로 그 필요성이 대두된 사례관리는 복지선진국에서는 1970년대 이후부터 지역사회를 기반으로 대상자에게 필요한 서비스를 지속적으로 사정하고, 이에 맞추어 사회자원을 조정하고 개발·활용하는 것에 초점을 두고 있음

② 지역사회의 중심성과 통합성에 초점을 둔 지역사회실천방법의 일종임

(2) 통합사례관리가 지향해야 할 특성

① 요 보호지역주민을 위한 직접적인 서비스 제공(개별 지원)과 공식적 · 비공식적 지원체계를 형성(지역사회 지원)하는 통합화가 필요하며, 통합적 접근은 매우 중요한 사례관리의 기본적 특성임

② 요 보호지역주민 개인을 위한 사례관리실천이 지역사회의 과제로 보편화되어 지역사회복지 역량 및 복지시스템을 개선 또는 개혁하는 동인으로 활용되어야 함

③ 요 보호지역주민을 위한 사례관리는 지역사회의 복지역량 및 복지시스템과 긴밀히 연결되어 있으므로 지역사회 전체의 복지역량 증진 및 복지시스템 구축활동을 포함해야 함

6) 민영화(privatization) ★★★

정부나 지방자치단체 등이 제공하던 사회복지서비스를 민간기관에 이양하는 것과 운영을 위탁하는 것을 포함하는 개념

(1) 민영화의 장점

① 서비스경쟁체계를 유도함으로써 효율성을 높일 수 있음, ② 소비자의 입장에서 서비스선택의 폭을 넓일 수 있음, ③ 관료제의 비효율성을 줄일 수 있음, ④ 서비스제공의 융통성 · 창의성 · 신속성을 기할 수 있음

(2) 민영화의 단점

① 지역간 서비스의 차별 · 불평등의 문제 발생, ② 운영비 증가로 인한 이용료 인상, ③ 클라이언트에 대한 차별의 문제 발생, ④ 영리기관의 참여로 서비스에 대한 산업화의 경향 등이 나타날 우려가 있음

01) 우리나라 사회복지전달체계에 관한 설명으로 옳지 않은 것은? (16회 기출)

① 최근 민관 통합사례관리의 중요성이 높아지고 있다.

② 희망복지지원단을 시 · 군 · 구에 설치하였다.

③ 2016년에 맞춤형 통합서비스를 목적으로 읍 · 면 · 동에 복지허브화사업을 실시하였다.

④ 국민기초생활보장법상 생계급여의 집행체계는 읍 · 면 · 동이다.

⑤ 희망복지지원단설치 후 사회복지통합관리망(행복e음)을 구축하였다.

☞ 해설: 2010년 1월부터 복지통합정보시스템으로 "사회복지통합관리망(행복e음)"이 개통되었으며, 2012년 5월부터 시 · 군 · 구에 "희망복지지원단"이 설치 · 운영되어 지역별 통합사례관리가 활발하게 전개되고 있다.

정답 ⑤

02) 사회복지서비스 전달체계에 관한 설명으로 옳지 않은 것은? (15회 기출)

① 구조 · 기능적 차원에서는 행정체계와 집행체계로 구분된다.

② 서비스 종류에 따라 공적 전달체계와 사적 전달체계로 구분된다.

③ 행정체계에는 서비스를 기획, 지시, 지원, 관리하는 것을 말한다.

④ 집행체계에는 서비스 전달기능을 주로 수행하면서 행정기능도 수행한다.

⑤ 읍면동은 사회복지서비스와 급여를 제공하는 집행체계에 해당한다.

☞ 해설: 운영주체에 따른 구분

• 공공 전달체계: 정부(중앙 및 지방자치단체)나 공공기관(각 공단 등)이 직접 관리 · 운영을 담당한다.
  예) 보건복지부를 중심으로 중앙정부, 지방자치단체 등

• 민간 전달체계: 일반적으로 민간 사회복지기관이나 단체 및 개인이 직접 관리 · 운영을 담당한다.

예) 사회복지법인, 비영리 사단법인 및 재단법인, 종교단체, 기타 비영리 민간단체 등

정답 ②

제10장
|
사회복지조직의 기획

1. 기획

1) 기획의 개념 ★★★

(1) 기획의 의의

① 미래의 목표를 설정하고 그 목표를 성취하기 위한 수단을 결정하는 연속적인 의사결정 과정을 통한 행동의 준비과정

② 최적수단으로 행정목표를 달성하기 위하여 장래의 구체적인 활동에 관한 일련의 집행계획을 준비하는 계속적·동태적 과정

(2) 기획의 특성

① 미래지향적인 과정이며, 미래 활동에 대한 계속적인 준비과정으로 다양한 아이디어의 창출과 수용과정에서 유연성을 가지며 개방성을 띰

② 목표달성을 위한 수단적 과정이고, 조직과 프로그램의 의사결정과 연관이 있으며, 의도했던 방향으로 추진되도록 통제하는 과정으로 국민의 동의나 지지획득의 수단이 됨

2) 기획의 과정(Skidmore) ★★

(1) 목표의 설정

① 목표: 어떤 활동의 주체가 달성하고자 하는 바람직한 미래의 상태를 말함
- 사회복지조직도 목적을 달성하기 위해 다수의 목표가 설정되고, 그 목표를 달성
  하기 위해 구체적인 세부목표가 설정됨
- 사회복지기관이나 시설에서 운영목표를 설정할 때는 민주적 과정을 통해 전문
  가들과 광범위한 협의를 거쳐 신중하게 결정해야 함

② 세부목표: 명료하고, 구체적이고, 측정가능하고, 현실적이며, 헌신성을 나타내며
세부목표가 달성되었을 때 변화될 것으로 기대하는 집단이나 요소를 구체화하여
야 함

(2) 기관자원의 고려

기관의 인적 · 물적 자원을 고려하는 것으로 지역사회의 자원 등을 확보하는 것이 필
수적이며 직원의 수, 자질, 능력, 태도와 감정 등도 함께 고려되어야 함

(3) 대안의 모색

목표에 도달할 수 있는 여러 가지 대안들을 고려하는데 창의력이 특히 중요하며, 자
유로운 집단토의 및 개인들 간 대화, 수집 정보 등을 통해 목표달성을 위한 대안을 찾
을 수 있음

(4) 대안의 검토와 평가(결과예측)

기획은 기대의 과정으로 무슨 일이 일어날 것인가를 미리 평가해 보며, 열거한 대안
의 비용이나 인적자원 등을 검토하고 기대효과와 장 · 단점을 평가함

(5) 최선의 계획결정

우선순위에 따라 최종적인 대안을 선택하는 과정, 우선순위는 대안의 중요성과 실현가능성에 따라 결정하는 것이 바람직함

(6) 구체적인 실행계획의 수립

합의된 목표에 도달하기 위하여 구체적인 프로그램을 기획하는 단계, 청사진 또는 도표를 작성하는 일을 포함하며 단계적 개요(일시, 장소, 대상, 일정, 예산, 기대효과) 등 기록

(7) 변화를 위한 개방성 유지

개방성 혹은 융통성은 전체 기획과정에서 매우 중요하며, 수행과정에서 변화요인이 발생했을 때 그 변화가 보다 나은 발전을 가져오거나 유용한 자원을 수반하는 경우에는 계획의 변경을 지지해야 함

3) 기획의 필요성 ★★★

(1) 효율성 증진

사회복지환경에서 인력과 자원은 한정되어 있기 때문에 최소의 비용과 노력으로 효율적인 서비스를 제공하여야 함

(2) 효과성 향상

사회복지행정이 클라이언트에게 제공한 서비스는 그의 문제나 욕구를 해결하는데 효과가 있어야 하는데 계획된 활동이 아니라면 그 결과는 바라는 대로 달성되기 어려움

(3) 책임성 강화

사회복지행정은 사회의 인가를 받아 국고와 개인의 기부금을 사용하고 있기 때문에 조직 외부의 정치·경제적 영향을 고려해 서비스는 효과적이고 효율적으로 제공할 책임을 져야 함

(4) 조직의 사기진작에 기여

기획과정에는 많은 조직원이 참여할 수 있고, 참여를 통한 기여와 조직원들의 의견수용이 수반되며, 조직원들은 자신들의 참여로 계획이 이루어진데 대한 인정과 성취감을 얻을 수 있기 때문에 사기를 높일 수 있음

(5) 조직목표의 모호성 감소

급격히 변하고 있는 환경으로 인한 미래의 불확실성을 감소시키고 조직의 목표를 재확인할 수 있음

(6) 문제해결을 위한 합리성의 증진

기획은 문제해결과 의사결정을 위해 타당하게 적용될 수 있으므로 합리성을 향상시켜 줌

4) 기획의 유형

(1) 조직의 위계수준에 따른 유형

위계 수준	기획의 유형
최고관리층	목표, 정책, 장기적 기획, 조직 전체의 영역, 전략기획
중간관리층	할당, 사업기획, 보완적 목표, 정책
감독관리층	구체적 사업기획, 일정표, 단기목표, 운영기획
관리실무자	일상적 업무 및 사소한 절차에 국한, 구체적인 프로그램 기획

(2) 시간차원에 따른 유형

① 장기기획
- 1년 이상 5년, 10년 또는 그 이상 기간의 기획으로 외부환경의 영향을 중시함
- 주기적으로 조직의 목적과 목표 재설정, 창의성과 미래에 대한 비전을 가지게 함

② 단기계획
- 장기기획에 근거한 1년 미만의 사업계획, 구체적이고 행동지향적인 실행방법
- 장기기획과 상호 밀접한 관련성을 가지고 통합되어야 함

(3) 대상에 따른 유형

① 전략기획: 조직의 구체적 목표의 설정 및 변경, 우선순위의 설정, 자원의 획득, 분배를 위한 정책을 결정하는 과정

② 운영기획: 획득된 자원이 조직의 목표를 효과적으로 달성하기 위하여 사용되도록 하는 자원의 관리과정

2. 기획관련 기법

1) 간트 차트(Gantt Chart, 시간별 활동계획도표) ★★

① 1910년 간트(Gantt)에 의해 고안된 기법, 프로그램의 목표를 성취하기 위하여 일정기간 동안 수행하야여 할 과업과 활동을 나열한 도표

② 가로축에는 월별 또는 일별 시간을 기입하고, 세로축에는 프로그램의 세부목표와 관련활동을 기입하며, 시간적 순서에 따라 막대 도표를 사용하여 나타내는 방법임

③ 장점 및 단점
  - 장점: 상대적으로 복잡하지 않은 사업을 계획할 때 주로 사용되며 단순 명료함
  - 단점: 세부적인 활동내역이 포함되지 않아 과업들 간 연관성 파악의 어려움

2) 프로그램평가 검토기법(PERT) ★★★

① 1950년대 미국의 핵잠수함의 건조과정에서 고안된 방법, 시간계획을 논리적 흐름에 따라 연결시켜 도표화함으로써 주어진 일정 내에서 완수해야 할 과업을 규정하고 통제하는데 유용함

② 목표달성을 위하여 설정된 주요목표와 프로그램의 상호관계 및 시간계획을 연결시켜 도표화하였으며, 기본적인 원칙은 특정 프로그램의 목표에 따라 이와 관련된 과업활동, 세부활동 간의 관계를 논리적으로 시간순서에 따라 도식화함

③ 장점
  - 개별 활동들을 앞당기거나 늦추는 것이 전체 프로젝트에 미칠 영향력을 파악할 수 있음

- 전체 프로젝트를 완수하는데 걸리는 시간을 추정할 수 있음
- 프로젝트 완수를 위해 필요한 과업들을 전체 그림을 통해 보여줄 수 있음

> ※ **임계경로(임계통로, critical path)**
> 최초의 과업에서 최종과업에 이르는 경로 가운데, 가장 오랜 시간이 소요되는
> 경로를 말하며, 과업을 달성하기 위해 최소한 확보해야 할 소요시간을 의미하
> 기도 함

3) 월별 활동계획카드(Shed-U graph)

① 미국의 Remingtom-Rand회사에서 고안해 낸 것으로 간트 차트와 비슷한 성격을
   가짐
② 카드의 위쪽 가로에는 월별이 기록되고, 해당 월 아래에 과업을 적은 작은 카드를
   꽂음
③ 시간에 따라 변경하고 이동하는 것은 편리, 업무간 상관관계를 파악하는 데는 어
   려움

4) 조직의 환경 분석(SWOT) ★★

① 어떤 프로젝트를 수행하기 위해 조직의 내부와 외부의 환경을 분석함
② 내부 환경의 분석은 그 프로젝트를 추진하는데 조직의 강점과 약점을 파악함
③ 외부환경의 분석은 기회와 위기를 분석하여 활용하는 기법

5) 마일스톤(milestone, 프로젝트관리)

① 프로젝트 진행 과정에서 기할 만한 사건이나 이정표를 말한다.
② 프로젝트 성공을 위해 필수적인 사항들을 각 단계별로 체크함으로써 전체적인
   일정이 늦춰지지 않고 제 시간 안에 과업이 종료될 수 있도록 관리하는데 도움을
   준다.
③ 예를 들어, 프로젝트 계약, 착수, 인력투입, 선금 수령, 중간보고, 감리, 종료, 잔금

수령 등 프로젝트 성공을 위해 반드시 거쳐야 하는 중요한 지점을 말한다.

④ 중요한 핵심적인 사항들만 체크하기 때문에, 그다지 중요하지는 않더라도 프로젝트 진행에 꼭 필요한 다양한 요소들을 상세하게 파악하기 힘들다는 단점이 있다.

6) 책임행렬표

① 프로젝트 내 활동별로 각 구성원에게 부여된 역할, 책임, 권한을 나타낸 것이다.

② 표에는 프로젝트의 목표, 활동, 책임유형을 구성원별로 제시하고 있다.

③ 책임유형에는 업무수행자, 업무책임자, 조언제공자, 보고대상자로 나눈다.

3. 논리모델(Logic Model)

1) 논리모델의 의의 ★★

① 체제이론을 기반, 프로그램의 목표와 결과사이의 인과관계를 설명하기 위한 모델

② 프로그램의 이론적 구조에서 핵심은 프로그램 활동이 성과에 미치는 영향에 있음

③ 어떤 활동요소들이 제시되면 어떤 성과가 나타나는지를 구체화하여 논리적으로 연결

> ※ **프로그램의 활동요소**
> 목적(목표), 투입, 전환(활동), 산출, 성과 등

2) 논리모델의 단계 ★★★★

(1) 목적(goal) 및 목표(objective)

① 목적과 목표는 특정상황을 변화시키려는 의도, 즉 프로그램의 목적부분에 해당하는 것임

② 목적과 목표는 욕구사정 등을 통한 의사결정 과정을 거쳐 도출됨

(2) 투입(inputs)

프로그램 활동에 소요되는 인적 물적 자원을 말함

예) 사회복지사, 외부강사, 자원봉사자, 재원, 시설 및 장비, 소요비용 등

① 클라이언트 변수: 서비스 수급자격, 인구사회학적 특성, 클라이언트의 환경 정보 등

② 인적·물적 자원변수: 서비스에 투입되는 인구학적 변수, 자격관련변수, 물적 자원 등

(3) 전환/활동(Activities)

프로그램이 진행되는 동안 제공되는 구체적인 서비스 활동을 말함

예) 직업훈련, 상담서비스, 교육, 식사 및 쉼터 제공 등

(4) 산출(outputs)

프로그램 활동 후 얻은 양적인 최종 실적(서비스, 생산물 등)을 의미함

예) 프로그램참여 인원수, 서비스 제공시간, 서비스 이용자 수, 참여율, 제공자와 이용자 간 접촉건수, 이용자가 서비스를 활용한 총 시간 등

(5) 성과(outcomes)

프로그램 활동과정과 종료 후 참여자에게 주어진 혜택을 말함

예) 참여자의 행동 변화, 태도와 가치변화, 의사소통의 기능향상, 새로운 지식습득, 재취업 및 기술습득, 생활만족도 등

(6) 영향(impact)

프로그램이 의도했던 문제해결에 미친 전체적인 영향력을 말함

(7) 환류(feed-back)

프로그램투입에 대한 재검토 및 사회복지 프로그램수행 전반에 관련된 정보를 말함

01) 사회복지기획과 관리기법에 관한 설명으로 옳은 것은? (17회 기출)

① PERT는 최초로 시도되는 프로그램 관리에는 유용치 않다.

② 칸트 차트는 임계통로에 대한 정확한 정보파악에 유용하다.

③ 책임행렬표는 목표, 활동, 책임유형을 구성원별로 제시한다.

④ 사례모델링이란 클라이언트의 서비스 이용경로를 제시하는 것이다.

⑤ 마일스톤은 월별 활동내용을 파악하는 주된 기법이다.

☞ 해설: 책임행렬표

• 프로젝트 내 활동별로 각 구성원에게 부여된 역할, 책임, 권한을 나타낸 것이다.

• 표에는 프로젝트의 목표, 활동, 책임유형을 구성원별로 제시하고 있다.

• 책임유형에는 업무수행자, 업무책임자, 조언제공자, 보고대상자로 나눈다.

정답 ③

02) 기획에 관한 설명으로 옳지 않은 것은? (16회 기출)

① 연속적이며 동태적인 과업이다.

② 효율성 및 효과성 모두 관련이 있다.

③ 타당한 사업추진을 위함이다.

④ 미래의 환경변화에 대응하기 위한 의사결정과정이다.

⑤ 목표지향적이거나 과정지향적이지는 않다.

☞ 해설: 기획은 미래지향적인 과정이며, 미래 활동에 대한 계속적인 준비과정으로 다양한 아이디어의 창출과 수용과정에서 유연성을 가지며 개방성을 띠고 있다.

정답 ⑤

제11장
|
사회복지조직의 의사결정

1. 의사결정

1) 의사결정의 개념

(1) 의사결정의 의의

① 조직의 목표를 달성하기 위한 여러 대안 중에서 최선의 대안을 선택하는 행동

② 협의의 의사결정은 여러 대안 가운데 하나를 선택하는 과정이고, 광의의 의사결정은 최종대안이 있기까지 취해지는 모든 과정을 포함함

(2) 의사결정의 방법

① <u>판단적 결정</u>: 개인이 가지고 있는 지식과 경험에 의존하는 방법이며, 사회복지기관에서 사회복지행정가는 판단적 결정을 통해 대다수의 의사결정을 함

② <u>문제해결 결정</u>: 합리적인 절차를 통해서 이루어지는 결정이며, 정보의 수집·연구·분석의 과학적이고 객관적인 과정을 포함함

2) 개인적 의사결정기법

(1) 의사결정나무분석(decision tree analysis)

개인이 가능한 여러 대안을 발견하여 나열하고 각각의 대안을 선택했을 경우와 그렇지 않은 경우의 결과를 연속적으로 그려가면서 최종의 결과를 생각하는 방법

(2) 대안선택흐름도표(alternative choice flow chart)

① 목표가 분명하고 예상 가능한 사항의 선택에 적용될 수 있음
② Yes와 No로 답할 수 있는 질문을 연속적으로 만듦, 예상결과를 결정하도록 하는 도표

3) 집단의사결정 기법 ★★★

(1) 브레인스토밍(brainstorming)

① 오스본(Osborm)에 의해 제시된 방법, 다수의 사람들이 모여 각자 의견을 발표한 후 최선의 방법을 찾아내는 방법
② 의사결정에 대한 아이디어를 구성원들이 자유롭게 개진하여 창의적인 대안을 선택하기 위한 방법
③ 다른 사람의 아이디어에 대한 비판을 해서는 안 되며, 아이디어의 질보다 양을 중요시 하는 의사결정 기법으로 능동적 참여가 중요하다고 할 수 있음

(2) 명목집단기법(NGT: Nominal Group Technique): 소집단투표제

① 전문가들을 한 장소에 모아놓고 각자의 의견을 적어내게 한 후 그것을 정리하여 집단이 각각의 의견을 검토하는 절차를 합의가 이루어질 때까지 계속하는 방법
② 보통 6~9명 정도의 소집단을 이용하여 의사결정을 하는 기법이며, 참여의식을 높이고 동기부여에 기여할 수 있으나 시간이 많이 걸리는 단점이 있음

(3) 델파이(Delphi)기법

① 1950년대 미국의 Rand Corporation의 Dalkey와 동료들에 의해 개발된 기법
② 전문가 또는 관련자들로부터 우편(메일)으로 의견이나 정보를 수집하여 분석한 결과를 다시 응답자들에게 보내 의견을 묻는 방식

③ 특정한 관심사에 올바른 판단을 체계적으로 집계하는 방법으로서 세심하게 짜여진 몇 단계의 설문을 사용
④ 집단의 판단을 체계적으로 유도해 나가기 위해서 설문에 대한 응답은 무기명, 반복 또는 통제된 환류를 통한 정보수집과정, 집단의 반응을 통계·분석해서 집약하는 방법을 사용
⑤ 델파이 기법의 장·단점
  - 장점: 익명성으로 특정인의 영향력 감소, 집단의 의견에 개인을 순종시키려는 집단의 압력 감소, 응답자의 시간을 효율적으로 이용할 수 있는 점 등
  - 단점: 반복적인 과정을 거치므로 시간이 많이 걸리고, 소수의 의견은 판단의 합의를 얻기 위해 제거되는 점 등

2. 의사결정모형

1) 합리모형(고도의 합리성) ★★★

(1) 합리모형의 의의
① 인간은 이성과 고도의 합리성에 따라 행동하고 결정한다고 가정함
② 정책의 결정자나 정책분석가는 고도의 합리성을 가지고 있음
③ 주어진 상황에서 목표달성을 극대화할 수 있는 최선의 정책대안을 찾아낼 수 있음

(2) 합리모형의 주요개념
① 인간의 이성과 합리성
  - 인간관은 합리적 인간관, 정책결정에 관하여 인간이 이성적·합리적이라 가정함
  - 정책결정자는 여러 정책대안들 중에서 최선의 대안을 선택한다고 봄
② 주어진 목표와 상황
  - 주어진 상황 속에서 목표를 해결하기 위해 최선의 대안을 찾을 수 있다고 가정함
  - 주어진 목표는 명백하게 규정될 수 있고 상황 역시 뚜렷하다고 봄
③ 인간의 능력에 대한 신뢰: 인간의 지적 능력이나 판단력 등을 전제하고 있음

④ 대안의 비교기준
  – 정책대안들을 비교·평가하는 판단기준이 명백하게 존재한다는 점을 가정함
  – 각각의 대안이 가져올 결과에 대해서도 완전하게 알 수 있다는 점을 가정함
⑤ 합리적인 정책결정자가 최선의 정책대안을 도출하고 정책을 결정함

(3) 합리모형의 평가
인간이 합리성을 가진 점은 인정되나 정책결정자의 현실적 주관적인 가치판단기준, 정보의 비대칭성 등으로 인해 객관성이 결여되기 때문에 현실적용에 한계가 있음

2) 만족모형(제한된 합리성) ★★
(1) 만족모형의 의의
① 사이몬(Simon)과 마치(March), 제한된 합리성에 기초함
② 합리모형의 현실적 제약점을 극복하기 위해 제시된 이론임
③ 인간은 여러 가지 제한조건으로 완전한 합리성을 지닐 수 없다고 봄
④ 의사결정자는 과거의 경험, 관습적 대안들을 토대로 만족할 만한 해결책을 모색함

(2) 만족모형의 주요개념
① 제한된 합리성
  – 인간이 합리적이긴 하지만 완전한 합리성을 가질 수 없다고 봄
  – 정책결정자는 정책목표나 정책상황을 간소화시켜 인지할 수밖에 없음
② 정책목표 및 기준의 불확실성
  – 정책목표가 항상 명백하다고 보지는 않음
  – 정책대안의 우선순위를 평가할 수 있는 기준 역시 명백하지 않다고 봄
③ 제한된 대안의 탐색
  – 정책결정과정에서 모든 대안이 다 고려되지 않고 고려될 수도 없다고 봄
  – 정책대안의 탐색과정에서도 유력해 보이는 몇 개의 대안만 우선적으로 검토함

(3) 만족스러운 대안의 선택

정책결정자는 만족할 만한 대안을 찾으면 그 대안을 선택함으로써 대안의 선택이 중단되고 정책결정이 이루어진다고 봄

(4) 만족모형의 평가

① 지나치게 주관적이어서 만족의 정도를 결정짓는 객관적 기준이 없고 대안이 보수적인 성격을 띠고 있음

② 환경이 급변하는 상황에서는 적용하기 어렵고 조직의 정책결정에 이를 그대로 적용하기도 어려움

3) 점증모형(정치적 합리성) ★★

(1) 점증모형의 의의

① 린드블롬(Lindblom), 정책결정자의 능력에 한계가 있다고 전제함

② 기존의 정책이나 결정을 인정하고 그보다 향상된 대안에 대해서만 부분적 순차적으로 탐색하여 의사결정을 하는 현실적 실증적 접근모형임

(2) 점증모형의 주요개념

① 정보수집과 처리에 대한 인간의 제한된 능력과 현실적인 제한점을 고려하여 최선의 합의를 이끌어 내는 것도 어렵다고 가정함

② 기존의 실천을 정치적 합리성에 근거하여 조금씩 변경해 나가는 방법을 사용, 현재의 상황에서 가장 저항을 적게 받고 문제를 해결할 수 있음

(3) 점증모형의 평가

합리모형을 거부하고, 현상 유지적인 문제해결 방법에 지나지 않아 보수적이며, 급속한 환경변화에 대응할 수 없다는 비판을 받고 있음

4) 혼합모형(합리모형+점증모형) ★★★

(1) 혼합모형의 의의

① 에치오니(A. Etzioni), 합리모형과 점증모형의 한계점을 보완하기 위한 방법이라

주장함

② 종합적 합리성을 바탕으로 큰 범위에서의 기본적인 결정은 합리적으로 결정함

③ 세부적인 결정은 기본적 결정을 보완 수정하여 점증적으로 이루어진다고 주장함

(2) 혼합모형의 주요개념

① 정책결정은 합리성뿐만 아니라 비합리성도 작용하여 이루어지고 있음

② 정책결정의 범위에 따라 종합적인 합리성이라고 부름

(3) 혼합모형의 평가

① 양이론의 단점을 보완하고 장점을 수정하는 점은 인정되나 정책의 범위에 따라서는 합리모형의 이상주의와 점증모형의 보수주의 성향을 띠지 않는 경우도 있음

② 결국 정책결정특성에 따라 상이한 정책과정 및 혼합비율이 요구된다는 제한점이 있음

5) 최적모형(경제적 합리성+초합리성) ★★★

(1) 최적모형의 의의

① 드로(Dror), 점증모형과 만족모형의 보수성에 불만을 갖고 주장한 이론임

② 정책결정을 체계론적 시각에서 파악하고 정책성과를 최적화하려는 모형임

(2) 최적모형의 주요개념

① 정책성과를 최적화한다는 것은 결정과정에 투입보다 산출이 커야 함을 의미함

② 정책결정에 소요되는 비용보다는 효과가 높아야 한다는 것을 전제함

③ 선례가 없는 결정을 해야 하는 경우 경제적 합리성과 직관 · 판단 등 초 합리성도 고려함

④ 정책과정이 계속 환류되면서 최적의 정책대안이 도출된다고 봄

(3) 최적모형의 평가

정책결정에서 최적의 의미가 불분명해지고, 초 합리성의 이용방법이나 합리성과의

관계가 모호하다는 제한점이 있음

6) 쓰레기통모형 ★★★

(1) 쓰레기통모형의 의의

① 코헨 · 올슨 · 킹돈 등 주창, 정책결정은 합리성이나 협상 · 타협 등을 통해 반드시 이루어진다고 보지는 않음

② 조직화된 무정부상태(혼란상태)속에서 나타나는 몇 가지 흐름에 의해 우연히 이루어짐

③ 의사결정의 기회에 해결책 · 참여자 · 문제점 등 요인이 합류되는 시점에서 의사결정이 됨

④ 합류의 시점은 의도적인 특성보다는 운 · 타이밍 · 우연 · 기회의 중요성 등도 강조된 모형임

(2) 쓰레기통모형의 주요개념

① 기본요소
  - 문제점: 사회적 이슈로 부각되어 해결을 요하는 정책
  - 해결책: 사회적 쟁점으로 부각된 문제를 해결할 수 있는 정책대안
  - 참여자: 의사결정과정에 참여하는 사람들
  - 결정기회: 정책결정자가 의사결정을 할 수 있는 기회의 선택

② 복잡하고 혼란한 상황에서 조직이 어떠한 의사결정형태를 나타내는가에 연구초점을 둠

③ 복합적이고 급변하는 상황 속에서 의사결정을 설명하는 데 가장 적합함

④ 조직의 목표가 모호하고 기술이 불확실하고 막연한 사회복지조직에 적용이 가능함

(3) 쓰레기통모형의 평가

조직화된 혼란 상태는 모든 조직에서 나타나는 현상은 아니기 때문에 일부의 조직 또는 일시적으로 나타나는 혼란 상태에서의 의사결정형태를 설명하는 데 국한된다고 할 수 있음

01) 의사결정방법에 관한 설명으로 옳지 않은 것은?   (14회 기출)

① 브레인스토밍은 아이디어의 양보다 질이 중요하며 능동적 참여가 중요하다.

② 변증법적 토의는 사안의 찬성과 반대를 이해함을 기본으로 한다.

③ 델파이기법은 전문가로부터 정보를 수집하여 합의를 얻으려 할 때 적용할 수 있다.

④ 대안선택 흐름도표는 '예'와 '아니오'로 답할 수 있는 연속적 질문을 통해 예상되는 결과를 결정한다.

⑤ 명목집단기법은 감정이나 분위기상의 왜곡현상을 피할 수 있다.

☞ 해설: 브레인스토밍(brainstorming) 참조

• 오스본(Osborm)에 의해 제시된 방법으로 다수의 사람들이 모여 각자 의견을 발표한 후 최선의 방법을 찾아내는 방법으로 어떠한 내용을 발표하더라도 그에 비판을 해서는 안 되며, 의사결정에 대한 아이디어를 구성원들이 자유롭게 개진하여 창의적인 대안을 선택하기 위한 방법이다.

정답 ①

02) 다음에서 설명하는 의사결정 모형은?   (17회 기출)

• 현실적 제약을 고려하여 문제를 일으키는 것에 초점을 맞춤

• 과거의 결정 내용에 기초한 변화를 시도함

• 현상유지 위주의 문제 해결방식이라는 비판도 있음

---

① 포괄성 합리성 모형

② 점증주의 모형

③ 제한적 합리성 모형

④ 직관주의 모형

⑤ 공공선택 모형

☞ 해설: 점증주의 모형

• 린드블롬(Lindblom), 정책결정자의 능력에 한계가 있다고 전제한다.

• 기존의 정책이나 결정을 인정하고 그보다 향상된 대안에 대해서만 부분적 순차적
  으로 탐색하여 의사결정을 하는 현실적 실증적 접근모형이다.

정답 ②

제12장

|

전통적 리더십이론

1. 리더십(Leadship)의 개념

1) 리더십의 의의
① 리더십은 조직목표의 달성을 위하여 구성원이 자발적으로 일하도록 공식적 지위에 있는 사람이 영향력을 행사하는 과정
② 리더십은 개인 혹은 집단을 조직의 공동목표로 유도하는 리더의 창의적 · 쇄신적 · 자발적인 능력

2) 학자들의 정의
① 트럭커(Trecker): 리더십은 공동목표의 달성에 사람들이 협동하도록 영향을 주는 능력
② 로빈스(Robbins): 리더십은 목표달성을 지향하도록 집단에 영향을 미칠 수 있는 능력
③ 테리(Terry): 리더십은 사람들이 집단목표를 기꺼이 달성하도록 영향을 미치는 활동

3) 리더십의 필요성 ★★

① 지역사회의 환경과 압력에 적절히 대응하기 위해 필요하며, 새로운 기술이나 구조의 도입과 같은 내부적 변화가 조직에 통합될 수 있게 하기 위함

② 전문가의 자율적 욕구와 조직의 통제적 욕구를 매개하여 구성원들이 조직의 규칙과 규정을 준수하고, 구성원의 목표와 조직목표 사이에 가능한 많은 일치를 가져오기 위함

2. 리더십의 기능과 성격

1) 리더십의 기능

① 조직목표를 설정하고 부하의 임무와 역할을 명확히 해주고, 목표 달성을 위하여 인적·물적 자원과 정치적 자원을 효율적으로 동원하며 관리계층이나 조직 전체에 대한 변동을 유도·촉진시킴

② 조직 활동을 전체적으로 조정·통제함으로써 조직 내 협조관계를 확립시키고, 조직의 일체성·통일성을 유지하고 내부갈등을 관리하여 환경에 대한 조직의 적응성을 확보함

2) 리더십의 특징

① 조직 목적달성을 위해 사람에 의해 만들어지는 활동이며 과정(역동적인 행위)

② 사람에게 영향력을 주기 위한 활동, 특정한 목적의 달성을 위한 의도적인 노력

3) 리더십의 주요 속성 ★★

① 지도자 자신의 권위를 근거, 수용의 정당성을 부하가 인정하기 때문에 자발성을 지니며, 목표와 관계되고 지도자와 추종자의 관계 하에 전개됨

② 지도자와 구성원간 일체감이 강하며, 공식·비공식적 관계에서도 전개됨

③ 비일상적이며 사기문제와 관련되고, 상황에 따라 가변적·동태적·신축적 성향을 띰

〈 리더십과 헤드십 〉

리더십(Leadership)	헤드십(Headship)
상호작용적, 자발적, 비일상적 발동	일방적, 계속적, 규칙적 발동
법적 구속력 없음	법적 구속력 있음
인간적 차원의 유인	계층적 지위에 의존한 공식적 권한 행사
전문능력, 인간적 자질과 특성에 유래	공식적 법적 지위에 유래
쌍방적 의사소통	일방적 의사소통
심리적 유대감에 의한 추종	강제력을 전제로 강압적 분위기
신뢰와 인정	물질적 보상과 처벌에 의존

3. 전통적 리더십이론

1) 특성(자질)이론(Trait Theories): 리더의 특성과 자질 중시 ★★★

(1) 특성(자질)이론의 개념

① 1940~1950년대 주장된 이론, 스톡딜(Stogdill)은 리더는 고유한 개인적인 특성만 가지고 있으면 그가 처해 있는 상황이나 환경에 관계없이 리더가 될 수 있다고 함

② 성공적인 리더의 특성을 신체적 특성, 사회적 배경, 지능·성격·과업과 관련된 특성, 사회적 특성 등 6가지 범주로 구분하여 제시함

③ 리더의 특성: 비전·전문성·동기부여·정서적 안정·신뢰도와 자신감·생동감, 카리스마·외모 등

(2) 특성(자질)이론의 비판

① 지도자가 누구나 동일한 자질을 가지고 있는 것은 아니며, 집단의 특성, 조직목표, 상황이 다르면 리더십의 자질도 전혀 다를 수 있음

② 지도자가 되기 전후의 자질 간에 인과관계가 없으며, 여러 자질간 비중이 분명하지 않고 내용이 중복되는 경우도 있으므로 지도자가 반드시 갖추어야 할 보편적인 자질은 없음

2) 행위(행동)이론(Behavior Theory): 리더의 행동 중시 ★★★★

(1) 행위이론의 개념

① 1950~1960년대 주장된 이론, 특성이론에 대한 비판으로 등장, 리더십을 특성이 아니라 행위로 보기 시작함

② 특성은 타고나는 측면이 강한 반면, 행위(형태)는 후천적으로 교육과 개발이 가능하다는 이유 때문이다. 리더의 중요한 측면은 리더의 특성이 아니라 다양한 생활에서 리더가 어떻게 행동하는가에 있음

③ 구성원의 업적과 만족에 긍정적인 영향을 미치는 효과적인 관리자행동에 초점을 두며, 효과적인 행동을 밝혀냄으로써 리더십을 전수할 수 있고, 훈련을 통해 누구나 리더십을 개발할 수 있음

(2) 오하이오(Ohio)연구: 구조적 · 배려적 리더십

① 구조주도와 배려유형
  - 구조화 행동요인: 리더가 과업을 조직화하고 정의하며, 업무를 할당하고 의사소통망을 확립하여 업무를 완수하도록 이끌어 주는 행위
  - 배려 행동요인: 구성원의 복지를 위한 관심을 나타내며 구성원들의 어려움과 특별한 상황들을 고려해서 지지해 주고 반응하는 행위

② 연구결과: 높은 배려수준과 낮은 불평등수준 사이에는 높은 상관관계가 있음을 발견함
  - 구조주도와 배려의 수준이 높을 때 부하들의 불평등 수준과 이직률은 가장 낮고, 생산성은 높음
  - 구조주도와 배려의 수준이 낮을 때에는 불평수준과 이직률이 높음

(3) 미시간(Michigan) 연구: 직무중심적/ 직원중심적 리더십

상호관계가 있는 리더십 행동군을 찾아내어 그 효과성을 검토하는 방법

① 직무중심 리더십(과업중심적 행동)
  - 오하이오 연구의 '구조화 행동'과 유사하며, 세밀한 감독과 합법적인 강제력을 활용하여 업무계획표에 따라 이를 실천하고 업무성과를 평가

– 기획 · 통제 · 조정 · 인정 · 관심 등의 내용을 중심으로 구성

② 직원중심 리더십(구성원 중심적 행동)

– 오하이오 연구의 '배려 행동'과 유사하며, 책임의 위임과 인간지향적인 구성원의 복지 · 욕구 · 승진 · 개인적인 성장에 관심

– 친근감 · 감사의 표시 · 인정 · 관심 등의 내용을 중심으로 구성

③ 연구결과: 구성원중심의 리더십이 직무중심 리더십보다 높은 생산성과 직무만족도가 나타남

(4) 관리격자 모형(R. Blake & J. Mouton)

① 어떤 방향에서 리더의 행동유형을 개발하는 것이 가장 효과적인가를 제시한 이론

② 리더의 인간에 대한 관심과 생산에 대한 관심을 두 개의 축으로 하여 상호작용에 초점을 두는 분류방식

– 관리망은 횡축과 종축을 따라 각각 9개의 위치로 설정, 81개의 합성적 리더십형 도출

– 네 모퉁이와 중앙 등 기본적인 5개의 리더십유형이 중요: 방임형(1.1), 인간중심형(1.9), 생산지향형(9.1), 중도형(5.5), 팀형(9.9)

③ 연구결과: 팀형(9.9) 리더 밑에 있는 집단들이 가장 높은 성과가 나타남

※ 리더십의 4P

다른 사람(People)이나 조직에 영향을 끼쳐(Power) 그들이 자신의 능력을 최대한 발휘함으로써 어떤 임무 · 목적을 달성(Performance)하는 지속적인 상호작용(Process)을 말함

---

3) 상황이론(Situational Theory): 리더가 처한 상황의 중시 ★★★★

(1) 상황이론의 개념

① 1960~1970년대에 주장된 이론, 행동이론의 한계를 인식하고 리더를 둘러싸고 있는 상황분석에 초점을 둔 이론

– 특정한 상황(리더의 권한, 리더가 수행하는 과제의 성격, 부하의 능력과 동기,

외부환경의 속성 등)에 따라 리더십의 효과성은 다르게 나타나며, 성공적 리더
십도 조직이나 집단의 상황에 따라 상이할 수 있음을 전제로 한 이론
- 주어진 상황에 따라 리더의 능력이나 가치가 다르게 평가되는 동시에 요구되는
리더의 형태와 자질이 달라진다고 주장함
② 대표적 이론: 상황적합이론, 권력영향력 이론, 리더십 대체물 이론, 경로-목표이
론, 허시와 블랜차드의 상황이론 등

(2) 상황이론에 대한 비판
① 상황변수가 복잡하고 측정이 어려우며, 리더나 부하직원의 기술적 능력 · 변화를
간과함
② 상황요소와 리더유형의 명확한 상관관계 규명 실패, 연구에 사용한 측정도구의 불
명확

4) 피들러(F. E. Fiedler)의 상황적합이론 ★
(1) 상황적합이론의 개념
① 상황적 요소와 리더유형의 상관성에 초점, 모든 상황에 한 가지 형태의 행동이 지
속적으로 효과를 가질 수는 없다고 봄
② 리더의 유형: 관계지향적 리더(조직원과의 관계에 중심을 둠)와 과업지향형 리더
(업무성과 측면에 역점을 둠)

(2) 연구 결과
① 과업지향적 리더: 매우 호의적이거나 매우 비호의적인 상황에서 더 높은 성과가
나타남
② 관계지향적 리더: 호의성이 중간 정도일 때 가장 높은 성과가 나타남

(3) 조직에 대한 리더의 영향력: 3가지 상황적 변수에 의해 결정됨
① 리더와 부하의 관계: 리더가 구성원들로부터 받는 존경과 신뢰 정도
② 과업이 구조화되어 있는 정도: 과업의 할당과 평가방식의 구조화

③ 관리자의 지위권력 정도: 리더에게 부여된 공식적 구성원 평가와 인사권의 영향
　정도

(4) 상황적합이론에 대한 평가

① 상황적 조건이 복잡하고 측정이 어렵다는 것과 리더에만 중점을 두었기 때문에 조
　직구성원 측면에는 무관심한 점 등을 비판함

② 조직의 상황이 리더십의 효과성을 결정한다는 새로운 구성방법을 제시한 점에 큰
　의미가 있음

5) 하우스(R. J. House)의 경로-목표이론 ★★★

(1) 경로-목표 이론의 개념

① 블룸의 기대이론에 뿌리, 1970년대 에반스와 하우스에 의해 개발된 이론, 조직의
　목표성취를 위해 가장 중요한 요인은 부하직원의 동기라 보고, 리더의 핵심역할은
　부하직원의 동기를 높이는 것이라고 주장함

② 리더는 부하로 하여금 조직목표를 달성할 수 있다고 기대하는 행동경로를 명확하
　게 밝혀주고, 원하는 보상은 더 쉽게 많이 받을 수 있다고 믿게 해야만 동기부여가
　이루어져 성과를 높일 수 있음

(2) 연구결과

지시적 리더십은 비 구조화된 과업에 종사하는 직원들에게 더 효과적이며, 지원적 리
더십은 구조화된 일상적 과업을 수행하는 직원들에게 더 효과적이라는 결론을 얻음

(3) 2가지 상황적 요인과 4가지 리더십 유형으로 구분

① 2가지 상황적 요인

　　- 부하의 상황: 부하의 능력 · 성격 · 동기와 작업집단의 특성, 작업의 구조화 정도

　　- 업무의 상황: 조직의 규칙 · 절차 등

② 4가지 리더십

　　- 지시적 리더십: 종업원들이 해야 할 사항들을 정확하게 언급하면서 이끄는 것

- 지지적 리더십: 종업원들의 욕구와 복지를 위해 노력하면서 이끄는 것
- 성취지향적 리더십: 종업원들에 대한 믿음, 도전적인 목표들을 제시함을 통해 이끄는 것
- 참여적 리더십: 종업원들의 견해를 존중하며 참여유도와 격려를 통해 이끄는 것

6) 허쉬와 블랜차드(P. Hersey & K. H. Blanchard)의 상황이론 ★★★

(1) 상황이론의 개념

다양한 상황 중에서 부하직원의 상황에 주목하여 부하가 없으면 리더도 존재하지 않는다는 가정에 기반, 부하의 성숙도를 준비능력의 차원과 의지의 차원으로 나누어 2차원에 따라 4가지 형태의 성숙도 상황을 제시함

① 준비능력 차원: 부하의 지식, 경험, 기술보유 등
② 의지의 차원: 부하의 믿음, 헌신, 동기 등

(2) 4가지 형태의 성숙도 상황

① 지시형 리더십: 부하가 능력과 의지가 모두 없는 경우
② 제시형 리더십: 부하가 능력은 없지만 의지는 있는 경우
③ 참여형 리더십: 부하가 능력은 있는데 의지가 없는 경우
④ 위임형 리더십: 부하가 능력과 의지가 모두 있는 경우

01) 다음에서 설명하는 리더십이론은? (16회 기출)

- 리더의 지위권력 정도, 직원과의 관계, 과업의 구조화가 중요하다.
- 직원의 성숙도가 중요하다.
- 한 조직에서 성공한 리더가 타 조직에서도 반드시 성공하는 것은 아니다.

---

① 행동이론
② 상황이론
③ 특성이론
④ 공동체이론
⑤ 카리스마이론

☞ 해설: 상황이론(Situational Theory) 참조
- 특정한 상황(리더의 권한, 리더가 수행하는 과제의 성격, 부하의 능력과 동기, 외부 환경의 속성 등)에 따라 리더십의 효과성은 다르게 나타난다.
- 성공적 리더십도 조직이나 집단의 상황에 따라 상이할 수 있음을 전제로 한 이론이다.
- 피들러(Fiedler)의 상황적합이론: 리더의 지위권력 정도, 직원과의 관계, 과업의 구조화가 중요하다.
- 허쉬와 블랜차드(Hersey& Blanchard)의 상황이론: 직원의 성숙도가 중요하다.

정답 ②

02) (   )에 들어갈 리더십에 대한 접근 방식과 그 설명의 연결이 옳은?

(12회 기출)

- (㉠): 바람직한 리더십 행동은 훈련을 통해서 개발된다.
- (㉡): 업무의 환경 특성에 따라서 필요한 리더십이 달라진다.
- (㉢): 리더십은 타고나야 한다.
- (㉣): 리더십은 지도자와 추종자가 협력하는 과정에서 형성된다.

	㉠	㉡	㉢	㉣
①	행동이론	상황이론	특성이론	변혁이론
②	상황이론	행동이론	특성이론	경쟁가치이론
③	행동이론	상황이론	경쟁가치이론	변혁이론
④	경쟁가치이론	행동이론	상황이론	특성이론
⑤	행동이론	상황이론	변혁이론	경쟁가치이론

☞ 해설: 종류별 리더십이론 참조

정답 ①

제13장
—
최근 리더십이론

1. 최근의 리더십이론

1) 번즈(Burns)의 거래적-변혁적 리더십이론 ★

조직의 안정에 초점을 두는지(거래적 리더십), 변화에 초점을 두는지(변혁적 리더십)에 따라 리더의 스타일을 두 가지로 구분함

(1) 거래적 리더십

업무를 할당하고 업무결과에 대한 평가와 의사결정 등 일상적 역할에 주력하고, 교환관계에서 부하의 이해관계에 초점을 두고 이해관계를 자극함으로써 동기를 부여함

(2) 변혁적 리더십

① 조직의 합병을 주도, 신규부서를 만들고 새로운 조직문화를 창달하며 변화를 주도하고 관리해야 함
② 조직 구성원들이 조직변화의 필요성을 감지하고 그러한 변화를 이끌어 낼 수 있는 새로운 비전을 제시하는 능력이 있어야 함

③ 변혁적 리더십의 형태
  – 환경의 변화에 민감하게 대처, 신념과 이상에 대한 확신
  – 인습과 관행을 거부하고 스스로 모험과 도전 수행, 조직성원에 대한 신뢰감 제시

(3) 변혁적 리더십과 거래적 리더십의 차이

① 변혁적 리더십: 조직구성원을 추종자가 아닌 리더로서 개발시키고, 조직구성원이 개인의 이해관계를 초월하여 조직이 공공의 선을 지향할 수 있게 함
② 변혁적 리더십: 조직구성원들의 비전을 이루기 위해 어려움을 극복하면서 높은 수준의 헌신을 실천할 수 있게 함

〈 거래적 리더십과 변혁적 리더십 〉

구 분	거래적 리더십	변혁적 리더십
목적	현상 유지	변화
활동	규정 또는 규칙에 의거	규정 또는 규칙의 변화
보상	개인적	비개인적
리더와 추종자와의 관계	상호 의존적	상호 독립적
과업	일상적	비일상적

2) 퀸(R. Quinn)의 경쟁적 가치리더십이론 ★★★

(1) 경쟁적 가치리더십 이론의 개념

단순화 또는 이분화 된 리더십이론이 아니라 통합적 관점을 유지하는 이론으로 리더십의 초점을 외부지향적–내부지향적으로 구분한 축과 통제 위주–유연성 위주로 구분한 또 하나의 축을 바탕으로 이를 조합한 4가지 영역으로 제시함
① 환경적응(비전제시가) ② 목표달성(목표달성가) ③ 형태유지(분석가) ④ 통합(동기부여가)

(2) 경쟁적 가치리더십의 유형

① 비전제시형 리더십: 외부 지향적이고 개방적이며 조직 활동의 유연성 추구

② 분석형 리더십: 내부지향적이며 구조화된 통제위주의 상반된 가치 요구

③ 동기부여형 리더십: 조직구성원간의 인간관계 향상에 가치, 유연성과 비집권적인 특성

④ 목표달성형 리더십: 조직의 생산성을 최대화, 통제와 규율위주의 공식적 리더십 지향

(3) 리더십이 조직 환경을 개선하는 방안

① 조직의 구조적 요인변경: 구조적 요인을 변경시킴으로써 리더십의 유효성을 제고함

② 리더의 선발제도와 배치제도: 효과적인 리더의 선발제도와 배치제도 마련, 리더와 상황이 적합하도록 함

③ 규칙 · 정책 · 절차의 명확화: 종업원의 과업을 구조화하고 명확하게 정의하거나 인사문제와 관련되는 규칙 · 정책 · 절차를 명확히 함으로써 리더십의 효과를 높이는데 도움을 줌

④ 참여경영의 확립: 조직에서 참여경영이 확립될 때 리더십의 효과를 극대화할 수 있음

⑤ 리더의 재량권 확대: 팀장에게 예산의 전결권, 팀원의 인사권 등 리더가 부하에게 재량권을 크게 함으로써 구성원들에 대한 리더의 영향력을 증대시킬 수 있음

〈 퀸(R. Quinn)의 리더십이론을 기초로 한 사회복지조직 리더의 역할 〉

유형	목표	구체적 역할
비전 제시가	기관의 변화 및 적응	• 기관의 운영과 관련된 외부환경의 변화 주시 • 클라이언트, 지역사회의 욕구변화 주시 • 기관운영의 새로운 방향모색, 혁신적 변화주도 • 재원 및 인력확보, 기관 합법성 유지 • 클라이언트 옹호, 정책개발 참여

유형	목표	구체적 역할
목표 달성가	기관의 생산력 극대화	• 기관의 목표달성 및 결과 중시 • 목표달성을 위한 우선순위 제시 • 클라이언트 및 지역사회욕구변화 대처기관 활동제시 • 중앙집권적 관리를 통한 생산력 극대화
분석가	기관활동 지속성 향상	• 기관서비스 및 프로그램실행의 이론, 기술지식 제시 • 기관서비스 및 프로그램 진행상황의 면밀한 분석 • 기관 활동의 내부 규정 강조 • 기관 활동을 위한 효율적 전문 인력의 배치
동기 부여가	기관구성원 관계강화	• 구성원 협동심 및 팀워크 강조 및 고양 • 구성원, 일선 워크의 자율권 극대화 • 전문직 간의 의견조정, 팀워크 고양 • 기관인력(자원봉사자 포함)의 효율적 관리

3) 하우스(House)의 카리스마적 리더십 ★★★

카리스마 리더십은 Max Weber의 카리스마적 권위에서 출발, 카리스마는 부하들이 리더를 지원하고 수용하도록 만드는 대인적 매력, 이는 부하들의 행동에 대한 지지한 영향력을 준다고 강조함

(1) 카리스마 리더의 특성

① 높은 수준의 자기 확신, 분명한 비전과 비전에 대한 강한 신뢰, 개혁적이고 변화 지향적이며, 조직 환경에 대한 민감성, 원활한 의사소통, 높은 수준의 에너지 및 행동 지향적인 태도 등을 보임

② 구성원의 높은 기대와 신뢰를 바탕으로 조직을 이끌며, 높은 성과를 이룩할 수 있음

(2) 리더의 카리스마를 제고하는 부하의 특성

① 부하들은 리더의 신념과 유사한 신념을 갖고 리더의 신념이 옳았다고 믿음

② 부하들은 근무성과의 목표를 높게 설정하고, 임무에 몰입하며, 성공적인 임무수행에 자신들이 공헌할 수 있다고 믿음

2. 리더십의 유형과 수준

1) 칼리슬(Carlisle)의 유형 ★★

(1) 지시형 리더십: 전제적 리더십

① 명령과 복종을 강조하는 독선적 리더십으로 지도자는 상급자 중심으로 의사결정을 하며 하급자들에게 지시적임

② 통제와 조정이 쉽고 정책해석과 집행에 일관성이 있고, 조직원을 보상과 처벌의 연속선에서 통제 관리함

③ 신속한 결정이 가능하므로 위기시에 기여할 수 있고, 조직원의 사기를 저하시키고 창의성을 살리는 것이 어려움

〈 지시형 리더십의 장·단점 〉

장점	단점
• 통제와 조정의 용이 • 정책의 해석과 수행의 일관성 • 신속한 의사결정 • 변화와 위기 시에 기여	• 과도한 통제로 사기 저하 • 잠재력 개발의 기회 감소 • 일방적 의사소통 • 적대감, 소외감, 비 융통성 초래

(2) 참여형 리더십: 민주적 리더십

① 조직구성원들을 조직의 의사결정과정에 보다 적극적으로 참여시키고, 새로운 정보의 교환이 활발하게 이루어지며 업무수행능력도 높아짐

② 의사결정에 많은 시간이 소요, 긴급한 의사결정을 할 때에는 어려움이 발생할 수도 있음

〈 참여형 리더십의 장·단점 〉

장점	단점
• 조직목표에 대한 참여동기의 증대 • 집단의 지식과 기술활용의 용이 • 개인의 가치, 신념 등의 고취 • 참여를 통해 경영의 사고와 기술습득 • 자유로운 의사소통의 장려	• 참여에 따른 의사결정 시간의 많은 소요 • 긴급한 의사결정시 부적합 • 타협에 의한 중간적 결정경향 • 책임분산으로 활동성이 떨어질 우려

(3) 자율형 리더십: 위임적 리더십, 방임적 리더십

① 대부분의 의사결정권은 조직원들에게 위임하는 형태로서 조직원 스스로 목표를 세우고 그에 따르는 계획을 수립함

② 특정 과업해결을 위한 전문가 중심조직에 적합한 리더십이며, 조직원들은 조직의 규칙이나 정책을 위반하지 않는 범위 내에서 자유재량권을 행사함

③ 자문기관의 역할을 할 뿐 부하들에게 지시나 감독 등 리더의 명확한 역할에 대한 설명이 어렵고, 확고한 권한을 가지지 못한 리더들은 조직원들이 요구하지 않는 한 조언을 하지 못하며 내부적 갈등이 생겨도 이를 해결하지 못하는 경우가 발생함

2) 기타 리더십의 유형

학자	유형	특징
리피트와 화이트 (Lippit & White)	권위형, 민주형, 자유방임형	의사결정에의 참여를 기준
타넨바움과 슈미트 (Tannebaum&Schmidt)	상급자중심형, 부하중심형	지도자, 피지도자, 상황요인 (관리자와 부하의 권력관계) 중시
레딘(Reddin)	분리형, 헌신형, 관계형, 통합형	과업과 인간관계 기준, 효율성은 상황에 따라 가변적임
리커트(Likert)	착취적 권위형, 온정적 권위형 협의적 민주형, 참여적 민주형	정보조직과 산업조직 등을 대상으로 연구함

※ **쿤츠(Koontz)와 오도넬(O'Donnel)의 하급자 중심관점**
- 리더십이란 열정과 신념을 가지고, 그들이 과업을 성취하도록 부하들을 유도하는 기술
- 리더의 태도와 능력
  - 지도자는 하급자의 실수를 허용할 수 있어야 함
  - 하급자의 아이디어가 채택되어 실현될 수 있는 기회를 제공함
  - 하급자를 통제하기보다는 인정함으로써 능력을 최대한 발휘하도록 권한을 위임함

---

01) 리더십이론에 관한 설명으로 옳은 것은?   (17회 기출)

① 블레이크와 머튼(Blake & Mouton)의 관리격자이론에 의하면 과업형(1,9)이 가장
   이상적인 리더십이다.

② 피들러(F. E. Fiedler)의 상황적합이론에 의하면 상황의 호의성이 모두 불리하면
   리더가 인간중심의 행동을 해야 효과적이다.

③ 허쉬와 블랜차드(P. Hersey & K. H. Blanchard)의 상황이론의 상황이론에 의하
   면 구성원의 성숙도가 낮을 경우 위임형 리더십이 적합하다.

④ 퀸(R. Quinn)의 경쟁적 가치리더십이론에 의하면 동기부여형 리더십은 목표달성
   가 리더십과 상반된 가치를 추구한다.

⑤ 배스(B. M. Bass)의 변혁적 리더십에 의하면 변혁적 리더는 구성원의 욕구와 보상
   에 주된 관심을 갖는다.

☞ 해설: (오답 풀이)

① 블레이크와 머튼(Blake & Mouton)의 관리격자이론에서 팀형(9,9)이 가장 이상적
   인 리더십이다.

② 피들러(F. E. Fiedler)의 상황적합이론에 의하면 상황의 호의성이 모두 불리할 때
   에는 리더가 과업중심의 행동을 해야 효과적이다.

③ 허쉬와 블랜차드(P. Hersey & K. H. Blanchard)의 상황이론의 상황이론에 의하
   면 구성원의 성숙도가 낮을 경우 지시형 리더십이 적합하다.

⑤ 배스(B. M. Bass)의 변혁적 리더십에 의하면 변혁적 리더는 구성원의 동기, 신념,
   가치관에 주된 관심을 갖고 강한 카리스마와 개혁적 리더십으로 구성원의 잠재력
   을 끌어올리려고 한다.

정답 ④

02) 참여적 리더십에 관한 설명으로 옳지 않은 것은?　　　　　(16회 기출)

① 집단지식과 기술 활용이 용이하다.

② 상급자의 권한과 책임을 포기하는 것이다.

③ 소요시간과 책임소재 문제 등이 단점이다.

④ 기술수준이 높고 동기부여된 직원들이 있을 때 효과적이다.

⑤ 직원들을 의사결정에 참여시켜 일에 대한 적극적 동기부여가 가능하다.

☞ 해설: 리더십의 유형 참조

• 상급자의 권한과 책임을 포기하는 것은 위임적 리더십(자율형 리더십)에 해당된다.

정답 ②

제14장
|
리더십수준과 조직문화

1. 계층별 리더십(Leadership)의 수준

1) 최고 관리층의 리더십 ★★

① 사회복지조직을 이끌어 나갈 전반적인 책임을 지고 있는 사람들이며 다음과 같은
중요한 달성과업을 수행함
- 조직의 기본적 임무의 결정
- 임무를 수행하기 위한 서비스기술의 선정
- 내부구조를 발전시키고 유지함
- 변화를 주도하고 수행함

② 최고 관리층의 의사결정과제
- 조직의 기본적 임무를 설정하고 임무를 수행하기 위한 서비스기술을 선정함
- 내부구조를 발전시키고 유지하며 변화를 주도적으로 수행함

2) 중간 관리층의 리더십

① 조직의 중요한 부서를 책임지고 있는 사람들, 정책결정에 있어서 최고관리자를 보

조하고 정책을 집행하는 기능을 수행함

② 중간 관리층의 중요한 기술

  - 최고 관리층과 직원간 수직적 · 수평적 연결자로서의 기능
  - 개개 직원들의 욕구를 조직의 목표에 통합시키는 인간관계의 기술

3) 하위 관리층의 리더십

① 일선 직원들과 매일 정상적으로 접촉하는 슈퍼바이저를 포함, 프로그램을 감독하고 일선 직원들에게 업무를 위임 및 분담시키며, 서비스가 제대로 제공되고 있는가를 검토하는 기능을 수행함

② 케이스를 다루는 결정에 있어서 일선 직원을 상담하는 주요 책임을 맡고 있으며, 단위 감독자 · 조정자 · 팀 리더의 역할을 수행함

③ 하위 관리층의 주요한 기술

  - 기술적 지식: 슈퍼바이저가 직원과 자원을 효율적이고 효과적으로 활용하는데 도움
  - 형평에 대한 관심: 보상과 제재의 분배가 공정해야 함

2. 리더십(Leadership)의 측정과 개발

1) 리더십의 측정

① 리더십의 측정은 리더의 역할과 기술의 정도를 측정하는 작업임

② 리더의 역할을 효과적으로 수행하기 위한 4가지 기술(Quinn, 1988)

  - 경계 · 확장 기술: 혁신가, 중개자
  - 인간관계기술: 조언자, 촉진자
  - 조정기술: 점검자, 조정자
  - 지도기술: 생산자, 감독자

2) 리더십의 개발

(1) 개인행동수준의 리더십 개발

① 강의: 리더십이론과 기술에 대한 설명 등을 통해 개인의 리더십 향상능력의 증진
② 사례연구: 특정 훈련에 필요한 사례를 분석·토의하여 바람직한 리더십의 증진
③ 역할연기(Role Playing): 리더의 역할과 구성원의 역할을 통해 리더십 향상능력의 증진
④ 감수성훈련: 대인관계의 감수성 증대를 통해서 인간관계 능력과 조직유효성의 향상
⑤ 행동 모형화: 강의, 시청각 교육, 역할연기방법에 피드백 강의기법을 적용, 개인의 기술향상이나 행동개선을 가져오게 하는 훈련임

(2) 집단행동수준의 리더십 개발

① 팀구축: 작업집단 구축방법
② 집단대면: 집단 사이의 지원적인 관계를 조성하기 위하여 변화담당자가 중심이 되어 집단 상호이해를 증진시키고 잠재되어 있는 문제를 인식시켜 이의 해결책을 모색하는 방법
③ 과정자문: 과정 상담으로써 문제에 대해 외부전문가가 자문을 해주는 방법
④ 제3자 조정: 개인 혹은 집단 갈등해결을 근본목표로 삼고 있음
⑤ 설문조사피드백: 집단이나 조직문제에 대해 구성원들로부터 설문조사 실시, 이것을 피드백 자료로 활용하여 구성원들이 자신의 집단과 조직문제를 해결토록 하는 리더십 개발방법

(3) 조직체행동수준의 리더십 개발(Blake & Mouton)

① 리더십 이해를 위한 세미나 단계
② 팀 단위의 개발단계
③ 집단간 행동개발단계
④ 이상적 모형의 개발단계
⑤ 이상적 모형의 실천단계
⑥ 모형의 효과측정 및 평가단계

3. 조직의 문화

1) 조직문화의 개념
조직문화란 조직구성원들에게 뚜렷하게 나타나는 가치나 규범·신념체계이며 조직구성원의 가치관과 사고방식, 행동패턴 등을 결정하는 기본요소를 말함

(1) Berger & Luckman(1966)
조직 구성원들간 지속적인 상호작용에 의하여 끊임없이 창조되고 재구성되는 인간상호작용의 형성메커니즘인 동시에 인간 상호작용의 결과적 산물로서의 조직의 사회적 실체임

(2) Deal & Kennedy(1982)
조직문화는 다양한 조직 상황 하에서 구성원들이 어떻게 행동해야 할지를 명시해 주는 지침이 되며 조직을 통합시켜 주는 응집요소임

(3) 조직문화의 구성요소
① Deal & Kennedy: 조직체 환경, 기본가치, 중심인물, 의례와 의식, 문화적 네트워크
② Robbins: 조직의 역사, 환경, 구성원의 선발, 사회화

(4) 조직문화의 유형
① 해리슨(Harrison, 1987): 역할문화, 성취문화, 권력문화, 자원문화
② 핸디(Handy, 1978): 클럽문화, 역할문화, 과업문화, 실존문화
③ 킴벌리와 퀸(Kimberly & Quinn, 1984): 관료문화, 개발문화, 합리적 문화, 집단문화

2) 조직문화의 주요 기능
(1) 조직의 통합
조직문화는 조직원들의 통합 또는 단결을 촉진하는 기능을 함

(2) 조직의 정체성 제고

조직문화는 조직체의 기본가치와 전통을 인식시킴으로써 조직원들로 하여금 정체성을 느끼고 주장할 수 있게 함

(3) 안정성과 유지

조직문화는 조직에게 안정성과 계속성을 주는 요인으로 작용을 함

(4) 일탈행위에 대한 통제

조직문화는 조직원들이 공유된 이상이나 규범을 일탈할 때 통제하는 기능을 함

3) 조직문화의 형성과 강도

(1) 조직문화의 형성

조직문화의 형성과 관련 가장 많이 주목하는 것은 바로 조직설립자나 최고경영자의 경영이념과 철학이 대표적임

(2) 조직문화의 유지와 전파

① 조직문화에 적합한 사람의 선발, 오리엔테이션 및 훈련, 교육을 통한 사회화, 최고 경영자의 언행과 조직 내에서의 각종 행사 등을 통해 유지 전파됨
② 의사소통을 통해 조직구성원들을 사회화시켜 특정한 형태의 가치와 규범을 형성함

(3) 조직문화의 강도

① 조직의 믿음과 가치들이 더 넓게 더 깊게 공유되었을 때, 조직의 믿음과 가치들이 분명하게 위계되었을 때 강도는 더 커짐
② 조직구성원들이 오랫동안 조직에서 헌신할 때, 조직문화와 같이하는 리더십이 강할 때 강도는 더 커짐

4) 조직문화가 조직측면에 미치는 영향

① 조직 내의 여러 과정에 영향을 미침

② 조직의 통합을 시도하는 경우에도 중요성이 부합됨

③ 조직의 정책 및 전략과정에도 영향을 미침

④ 조직의 성과와도 관련되어 있음

5) 조직문화의 개발과 관리

(1) 우수한 기업들의 공통적 조직문화

① 조직구성원들이 성과지향적인 문화가치를 갖고 있음

② 창업주, 최고경영자 등 기업 내 중심인물들의 역할이 중요한 요인이 되었음

③ 조직구성원들이 기업체의 문화망을 형성하면서 기업문화개발의 역할을 함

④ 변화담당자들의 개입역할도 기업문화 개발에 중요한 역할을 함

(2) 사회복지조직의 조직문화 구축

① 사회복지이론과 실천기술을 학습할 수 있는 환경조성과 촉진

② 의사결정의 신속화, 정보공유로 팀워크 촉진

③ 통제를 경감시키고 권한 위임에 의한 민주적 조직분위기 조성

④ 구성원에 대한 평가기준의 명확화, 적절한 보상체계의 확립

6) 조직문화이론

① 조직구성원의 소속감 및 정체성 형성에 영향을 미치는 요인을 설명함

② 조직구성원의 내적 통합과 변화된 환경에 대한 외적 적응의 관계를 다룸

③ 새로운 기술도입에 따른 조직의 유연성 정도를 설명함

④ 최근에는 이익의 원인을 설명해 주는 이론으로도 활용됨

〈 리더십의 수준 〉

관리자의 유형	리더십의 주요 내용
최고관리자	• 기관의 운영과 관련된 외부환경의 변화 주시 • 클라이언트, 지역사회의 욕구변화 주시 • 기관운영의 새로운 방향모색, 혁신적 변화주도 • 재원 및 인력확보, 기관 합법성 유지 • 클라이언트 옹호, 정책개발 참여
중간관리자	• 기관운영의 새로운 방향모색, 혁신적 변화주도 • 재원 및 인력확보, 기관 합법성 유지 • 클라이언트 옹호, 정책개발 참여
하위관리자	• 기관운영의 새로운 방향모색, 혁신적 변화주도 • 재원 및 인력확보, 기관 합법성 유지 • 클라이언트 옹호, 정책개발 참여

01) 조직문화와 조직성과의 연관성에 관한 설명으로 옳지 않은 것은?　　(12회 기출)

① 조직의 핵심가치를 공유하는 조직 구성원이 많을수록 조직성과가 향상된다.

② 조직문화가 조직의 전략과 일치할수록 조직성과를 향상시킨다.

③ 조직문화는 변화가 쉬운 조직성과에 긍정적 영향을 준다.

④ 환경적응적 조직문화는 조직외부의 이해당사자들의 기대실현과 적절한 수준으로 고려하여 조직성과를 향상시킨다.

⑤ 조직문화와 조직성과는 긴밀한 관계를 갖는다.

☞ 해설: 조직문화 참조

• 조직문화란 조직구성원들에게 뚜렷하게 나타나는 가치나 규범 · 신념체계이다.

• 조직문화란 조직 구성원의 가치관과 사고방식, 행동패턴 등을 결정하는 기본요소를 말한다.

• 조직문화는 일반적으로 변화가 쉽지 않은 조직성과에 긍정적 영향을 준다고 볼 수 있다.

정답 ③

제15장
|
인적자원관리 개념

1. 인적자원관리

1) 인적자원관리의 개요

(1) 인적자원관리의 의의

① 기관의 운영목적을 달성하기 위하여 인적 자원을 최대로 활용하기 위한 관리 활동

② 조직의 목적을 달성시키고, 조직 내 이해관계를 조정하는 관리활동

③ 인력계획, 경력관리, 보수 및 퇴직금, 안전 및 복무후생, 사기와 인간관계관리, 복무와 근무규율, 노사협조, 인사관리 정보체계 등

(2) 인적자원관리의 목적

① 조직목적의 효율적 달성에 기여하고 종업원의 욕구를 충족시킴으로써 조직의 협동적 의욕을 높임

② 인적자원의 이용과 관련된 모든 필요한 법과 규칙을 준수하고 모든 수준에서 의사소통과 합의점을 개발함

③ 조직의 생산성을 향상시키고 조직의 근무환경의 질을 향상시킴

(3) 인적자원관리의 변화방향

① 전통적 인사관리: 승진 중심의 수직적 이동, 낮은 조직간 이동성, 지시통제위주의 관리, 직급중심의 인사체계 등

② 현대적 인사관리: 전문성 위주의 수평 및 수직적 이동, 높은 조직간 이동성, 임파워먼트형 관리방식, 직무와 역량 중심의 인사체계 등

2) 인적자원관리의 구성요소 ★★

(1) 성과관리

① 업무분석: 업무의 산출 혹은 서비스의 생산에 필요한 과업들을 분석하는 과정

② 업무설계: 특정 작업 단위들 혹은 개인들에게 할당하는 과정을 말하며, 일반적으로 업무설계는 업무분석에 기초하여 이루어짐

③ 성과평가: 업무수행 성과의 평가를 설계하고 실행하는 과정

(2) 개발관리

① 인적자원의 개발관리는 훈련 · 개발 · 경력관리 등의 영역으로 나누어 볼 수 있음

② 인적자원의 개발관리는 조직구성원의 업무능력을 향상시켜 업무의 효과성과 효율성을 높이는 데 있음

(3) 보상관리

보상이란 종업원이 고용적 관계로 인해 받게 되는 모든 형태의 재정적 보답과 서비스, 부가임금 등을 말함

3) 계급제와 직위분류제

(1) 계급제

① 계급제는 인적 요소를 기준으로 하여 직위를 분류하는 제도이며, 직무수행에 필요한 전문성, 직무의 난이도, 책임도 등은 고려하지 않음

② 학력이나 경력에 따라 하위직급에서 상위직급으로 인적 자원을 분류하며, 보수의 결정기준은 일의 난이도나 책임도가 아니라 계급과 근무기간임

③ 일반행정가를 양성하기 위해서는 용이하지만 전문행정가의 양성은 어려움

(2) 직위분류제
① 직무의 종류와 전문성, 난이도와 책임도 등에 따라 직위를 분류하는 제도
② 전문성이 강조되는 분류형태이며 객관적인 실적평가가 가능한 제도

4) 인적자원관리 과정 ★★
(1) 모집
① 유능하고 우수한 사람들이 관심을 가지고 지원하도록 하는 과정으로 사회복지업
   무에 대한 전문성을 갖추고, 클라이언트나 동료와의 관계를 잘 설정할 수 있는 사
   람들이 지원하도록 적극적인 모집활동을 전개해야 함
② 모집절차는 충원계획의 수립, 직위에 대한 직무분석, 직무기술서와 직무명세서의
   작성 등이 포함됨
③ 모집방법은 광고, 안내, 대학이나 교육훈련기관의 추천의뢰 등
④ 모집과정에서 간과해서는 안 되는 부분은 자격요건과 차별대우에 관한 것임
⑤ 직무기술서와 직무명세서는 직무분석이 이루어진 이후에 작성되어야 함
   - 직무분석: 인적자원관리의 기초를 세우기 위하여 직무내용을 분석하는 것이며,
     한 사람의 조직구성원이 수행하는 일을 직무라고 함
   - 직무기술서: 직무자체에 대한 기술서이며, 직무명칭·직무개요·작업환경 등
     이 포함되며, 직무의 성격·내용·수행방법·직무에서 기대되는 결과 등을 간
     략히 정리해 놓은 문서
   - 직무명세서: 특정한 직무를 만족스럽게 수행하는 데 필요한 수행의 지식·기
     능·능력·기타 특성 등을 명시해 놓은 문서이며 직무수행자의 요건과 관련된
     사항

(2) 선발
지원자 중에서 조직이 원하는 최적의 인력을 선택하는 과정을 의미하며, 선발방법에
는 서류심사, 필기 및 실기시험, 면접 등

① 필기시험: 관리가 용이하며 시간과 경비를 절약할 수 있고, 객관도와 신뢰도를 높일 수 있음
  - 주관식 시험: 통찰력, 판단력과 같은 사고능력을 측정할 수 있는 장점이 있음
  - 객관식 시험: 채점이 용이하고 고도의 객관도를 확보할 수 있는 장점이 있음
② 실기시험: 타당도는 높으나 채점 시 객관도와 신뢰도가 저하될 우려가 있음
③ 면접시험: 필기시험에서 알기 힘든 태도·성격·창의성·협조성 등을 파악하기 위함

(3) 임용

① 엽관주의와 실적주의
  - 엽관주의: 임용기준을 임용권자의 혈연·지연·학연·정당관계 등 귀속성에 중점을 두는 임용방법
  - 실적주의: 개인의 객관적인 능력·자격·실적 등에 중점을 두는 임용방법
② 선발된 인원 중에서 필요한 사람을 고용하겠다는 공식적 계약과정을 의미하며, 직원을 채용할 때에는 보통 시보임용이나 수습임용을 하는 경우가 대부분이고, 또한 채용과정에서 계약에 의하여 직급과 연봉을 결정하는 경우가 대부분임

(4) 교육·훈련

인사관리과정에서 최초의 교육훈련은 오리엔테이션으로 대표되며, 오리엔테이션은 조직문화를 이해하고 조직구성원의 관계를 설정하는데 의미 있는 과정이 될 수 있음

(5) 배치

조직이 필요로 하는 직위에 가장 적합한 사람을 근무토록 하는 것이며, 배치는 조직목표 달성뿐만 아니라 인력의 자기계발을 위해서도 중요한 의미를 갖는다. 따라서 인력의 전문성을 가장 잘 활용할 수 있는 관점에서 시행되어야 함

(6) 승진

① 조직구성원의 입장에서는 자아발전의 욕구를 충족시키며, 조직의 입장에서는 효

율적인 인력개발의 토대가 됨

② 방법에는 능력에 따른 합리적 기준에 의해 승진을 결정하는 능력주의 승진과 선임
권을 위주로 하는 연공서열주의 승진이 있음

③ 직무에 대한 직원의 수행결과에 기초하여 지위와 보수를 발전시키는 것을 의미하
며, 승진에서 중요한 요소는 근무경력, 업무수행능력 등이며, 기타 학력, 시험성
적, 교육훈련성적, 상벌사항 등도 기준으로 활용될 수 있음

(7) 평가

① 특정직원의 직무에 대한 기대사항을 설명하고 직원의 실제 업적을 측정, 평가, 기
록하여 당사자인 직원에게 피드백을 제공하는 과정

② 궁극적 목적은 직원의 업무능력 개발에 있으며, 평가결과는 직원의 승진, 해고, 포
상 및 임금을 결정하는 데 기초자료로도 활용됨

(8) 이직 및 퇴직

여러 가지 이유로 인력이 근무하는 기관을 떠나는 것을 의미함

2. 직원능력개발

1) 직원능력개발의 의의 ★★

① 직원들의 지식과 기술 및 전문적 태도와 가치관을 향상시켜 조직이 제공하는 서비
스의 효과성을 높이기 위한 교육 및 훈련활동

② 직원들의 직무수행능력을 높이기 위한 것이며, 이에 따라 적절한 업무배치와 업무
수행에 따른 보상이 주어져야 직무만족도가 높아짐

③ 새로운 서비스 욕구에 대처하기 위한 프로그램의 개발과 실행에 지속적인 훈련과
개발을 위한 노력이 필요함

2) 직원교육 · 훈련의 종류 ★★

① 신규채용자 훈련: 적응훈련 또는 기초훈련, 조직의 목적 및 기본정책 등을 안내하는 것이 일반적이며, 새로운 직원에게 조직과 조직의 서비스 내용 및 지역사회를 소개하는 과정

② 일반직원훈련: 직무수행의 개선을 위한 훈련, 일반 직원들에게 필요한 새로운 기법을 습득하게 하는 등 직무수행 능력을 향상시키는 것이며, 훈련의 효과를 내기 위해서는 장기적이고 지속적으로 실시되어야 함

③ 감독자훈련: 슈퍼바이저에 대한 훈련, 업무수행에 필요한 지식과 리더십·의사전달·인간관계·인사관리 등에 걸쳐 있음
　　예) 강의, 토의, 사례발표 등

④ 관리자훈련: 최고계층에 속하는 중·고급관리자에 대한 훈련, 정책수립에 관한 것과 리더십에 관한 훈련이 포함됨
　　예) 사례발표, 회의, 토의방법, 신디케이트 등

3) 직원훈련의 방법

① 강의: 다수의 교육대상자들을 대상으로 교육내용을 체계적으로 전달할 수 있는데, 교육대상자가 많을 경우 짧은 시간에 교육의 성과를 기하고자 사용하는 방법

② 회의: 어떤 주제에 대해 논의되고 토의가 이루어지는 공식적인 모임이며, 회의에서는 정보의 상호교환이 강조되며 일반적 지식의 전달이 아니라 의견교환을 통해서 배우게 됨

③ 토의: 한 주제에 대하여 소수의 사람이 먼저 주제발표를 한 다음 여러 사람이 토론을 하는 방법으로 자유롭고 공개적인 분위기에서 집단사고를 통해 여러 사람들의 의견을 수렴함

④ 보수교육: 직원들을 대상으로 그들의 전문성을 유지하고 향상시키기 위해 계속적으로 필요에 맞게 교육하는 것을 말함

⑤ 슈퍼비전: 직무를 수행하면서 상급자로부터 직무에 관하여 지도감독을 받는 것을 말하며, 선임자가 후임자를 교육시킬 때에 유용함

⑥ 사례발표(사례연구): 조직 내의 현상을 과제로 제시하고 주로 토의에 의해 문제의 본질이나 해결책을 규명하는 방법

⑦ 역할연기(Role Playing): 교육대상자들이 사례ㆍ사건을 구체적인 상황에 근거하여 실제 연기로 표현하며, 주로 인간관계 훈련에 효과적인 프로그램

⑧ 신디케이트(Syndicate): 동일한 문제를 토의함에 있어 먼저 소집단으로 나누어 집단별로 문제해결 방안을 토의하고, 다시 전체가 모인 자리에서 각 집단별로 문제해결 방안을 발표하고 토론하는 방식으로 합리적인 문제해결방안을 모색하는 방법

⑨ 직무순환(순환보직): 직무에 대한 지식과 경험을 쌓게 하는 훈련방법이며, 일정한 훈련계획 하에 순차적으로 직무를 바꾸어 담당하게 함

⑩ OJT(현장훈련): 근무현장에서 이루어지는 훈련, 직장훈련ㆍ현장훈련ㆍ직무상 훈련이라고도 하며, 피훈련자가 업무수행을 하면서 업무관련 지식이나 기술을 학습함

⑪ 감수성훈련(실험실 훈련, 연수집단훈련): 집단행동 훈련방법, 자신의 행동이 타인에게 주는 영향을 감지하게 하여 자신에 대한 인식을 높이고, 타인의 행동이나 상호작용에 대한 이해와 통찰력을 키우기 위한 훈련

⑫ 임시대역(직무대리): 공연에서 배역을 대신 연기하는 것에서 온 용어이며, 상사의 부재 시에 대비하여 직무수행을 대리하게 하는 훈련

3. 슈퍼비전과 슈퍼바이저

1) 슈퍼비전(Supervision)의 개념 ★★★

(1) 슈퍼비전의 의의

① 사회복지조직에서 활동하고 있는 직원들이 전문성과 능력을 발휘할 수 있도록 교육 및 지도하고 원조하는 과정

② 사회복지기관의 서비스제공자인 사회복지사의 기술력을 향상시키고 이를 통해 서비스의 질을 높이기 위한 교육적ㆍ관리적 활동을 의미함

③ 궁극적 목적은 클라이언트에 대해 효과적이고 질 높은 서비스를 제공함으로써 기관의 책임성을 높이는 것임

(2) 슈퍼비전의 원칙

① 능력 있는 슈퍼바이저의 1차적인 역할은 기관의 서비스와 관련하여 기술과 원칙을 가르치는 것임

② 하급자는 슈퍼바이저의 원칙과 지식이 일치하는 목표를 선택하고, 기관에서 그들의 역할과 관련된 개인적인 목표를 명확히 설정함

③ 슈퍼바이저는 필요할 때 워크들에게 도움을 줄 수 있는 태도가 준비되어 있어야하고, 사회복지사들은 필요할 때 슈퍼바이저의 도움을 요청해야 함

(3) 슈퍼비전의 기능

① 교육적 기능
   - 교육적 슈퍼비전의 핵심은 사회복지사의 지식과 기술의 향상이며, 슈퍼바이저는 교육을 통해 사회복지사의 문제해결과 실천기술 향상을 도모함
   - 슈퍼비전의 기능은 결국 하나의 전문인으로서 사회복지사의 능력을 향상시키는데 초점을 둠

② 행정적 기능
   - 사회복지사에게 업무를 질적 · 양적으로 잘 분배하여 기관의 행정규정에 대한 정확한 이해를 돕도록 함
   - 기관관리자들과 사회복지사의 의사소통을 촉진하는 역할과 함께 기관 활동에 대한 조정과 통제의 임무를 수행함

③ 지지적 기능
   - 사회복지사가 자신의 업무에 대해 편안하고 좋은 감정을 가지도록 돕고 스스로 업무처리를 할 수 있도록 용기를 주고 지지해 줌
   - 감정적으로 고갈 상태에 빠진 사회복지사들에게 정서적 사회적 지지를 제공하는 표현적이며 지지적인 리더십임

2) 슈퍼비전의 모형 ★★

(1) 직원에 대한 슈퍼비전

① 개별 및 집단 슈퍼비전

- 개별슈퍼비전: 전통적 모형으로 1:1의 관계로 이루어지며, 개별화된 상황에서 슈퍼바이저가 사회복지사를 지도함
- 집단슈퍼비전: 사례발표나 회의, 프로그램 계획과 수행평가에 관한 토론 등을 활용하여 동료 간 또는 슈퍼바이저 간에 경험을 상호 공유하면서 원활한 의사소통을 꾀함

② 직접 및 간접 슈퍼비전
- 직접슈퍼비전: 슈퍼바이저가 사회복지사가 수행하는 것을 직접 관찰하면서 필요한 때에 즉각적으로 슈퍼비전을 제공함
- 간접슈퍼비전: 직접적인 관찰이 불가능한 경우 사회복지사의 설명을 듣거나 기록을 통해서 슈퍼비전을 제공하는 방법

③ 공식적 및 비공식적 슈퍼비전
- 공식슈퍼비전: 공식적인 상황에서 슈퍼비전을 제공하는 것을 말하며, 바람직한 형태의 슈퍼비전임
- 비공식슈퍼비전: 사전에 준비 없이 이루어지는 것으로 가장 바람직하지 못한 형태의 슈퍼비전임

(2) 사회복지실습에 대한 슈퍼비전

학생의 입장에서 복지실습은 학교에서 배운 지식을 옮기는 기회를 제공받을 수 있는 동시에 새로운 실천기술을 익히는 기회가 될 수 있음

(3) 자원봉사자에 대한 슈퍼비전

사회복지서비스의 상당 부분은 사회복지사 이외의 자원봉사자들에 의해서 제공되는데, 자원봉사자에 대한 슈퍼비전은 1대 다수의 집단 슈퍼비전이나 정기적 사례 발표회, 특별교육, 워크숍 등의 기회를 통하여 제공하는 것이 적합함

3) 슈퍼바이저(Supervisior) ★★★

(1) 슈퍼바이저의 지위

① 일선 사회복지사와 행정가 양쪽에 대해 책임을 지며 중간관리자에 해당됨

② 사회복지사를 통하여 클라이언트와 간접적으로 접촉하며, 일선사회복지사가 클라이언트를 보다 잘 도울 수 있도록 원조함

③ 기관 내 업무환경과 기관에서 다루어져야 하는 업무 등과 관련되어 있으며, 초기·중기·종결의 단계적이고 계획적인 활동에 참여하며 각 단계마다 활동내용이 달라짐

(2) 슈퍼바이저의 조건

① 지식구비: 슈퍼바이저는 전문직에 대한 지식과 기관에 대한 종합적인 지식을 갖추어야 함

② 실천기술과 경험구비: 슈퍼바이저는 자신이 클라이언트에 대한 문제를 해결해 본 실천경험과 기술을 갖추고 있어야 함

③ 개방적 접근의 허용: 응급 시 및 필요시에 하급자가 쉽게 접근하여 질문하고 어떠한 지도라도 받을 수 있도록 기회를 마련해야 함

④ 헌신적인 사명감: 기관, 하급자 및 자신간의 역동적 관계에 대하여 진실하고 지속적인 관심을 가지면 하급자에게 크게 도움을 줄 수 있어야 함

⑤ 솔직한 태도: 하급자가 제기한 질문이나 문제해결에 대한 해답을 제시할 수 없을 때에는 자신의 입장을 솔직히 인정할 수 있어야 함

⑥ 감사와 칭찬의 태도: 감사와 칭찬의 태도를 가지고 하급자의 동기를 유발하고 전문직의 발전을 도모하여야 함

※ **퀸(R. Quinn)의 혁신적 슈퍼바이저의 능력**
유연한 변화를 만들기 위한 의사소통능력, 비판적 창의적 사고능력, 조직을 둘러싼 변화를 판단할 수 있는 능력, 조직구성원과 이해관계자들 간 갈등을 예방할 수 있는 능력 등을 들고 있음

---

01) 사회복지조직의 인적자원관리에 관한 설명으로 옳은 것은? (17회 기출)

① 직무만족은 조직몰입에 부정적인 영향을 미친다.

② 신규채용은 비공개모집을 원칙으로 한다.

③ 브레인스토밍은 제시된 아이디어의 양보다는 질을 더욱 중시한다.

④ 갈등은 조직 내에 비능률을 가져오는 역기능만을 갖는다.

⑤ 소진은 일반적으로 열성-침체-좌절-무관심의 단계로 진행된다.

☞ 해설: (오답 풀이)

① 직무만족은 조직몰입에 긍정적인 영향을 미친다.

② 신규채용은 공개모집을 원칙으로 한다.

③ 브레인스토밍은 제시된 아이디어의 질보다는 양을 더욱 중시한다.

④ 갈등은 조직 내에 비능률을 가져오는 역기능만을 갖는 것은 아니고, 순기능을 가져오는 경우도 있다.

정답 ⑤

02) 인사관리에 관한 설명으로 옳지 않은 것은? (16회 기출)

① 직무분석 이전에 직무명세서와 직무기술서를 작성한다.

② 직무기술서는 직무 자체에 대한 기술이다.

③ 직무명세서는 직무수행자의 요건에 대한 기술이다.

④ 인사관리는 성과관리, 개발관리, 보상관리 등을 포함한다.

⑤ OJT(현장훈련)는 일상적인 업무를 수행하면서 훈련을 실시한다.

☞ 해설: 직무기술서와 직무명세서는 직무분석이 이루어진 이후에 작성되어야 한다.

• OJT(현장훈련): 근무현장에서 이루어지는 훈련으로 직장훈련, 현장훈련, 직무상 훈련이라고도 하며, 피훈련자가 업무수행을 하면서 업무관련 지식이나 기술을 학습한다.

정답 ①

제16장
|
동기부여와 직무평가

1. 동기부여이론

1) 매슬로우(A. H. Maslow)의 욕구단계 이론

(1) 욕구단계 이론의 개념

① 인간의 욕구는 가장 낮은 것으로부터 가장 높은 것으로 올라가는 계층이 있다.

② 어떤 욕구가 충족되면 그 욕구는 더 이상 동기요인이 되지 않는다.

③ 하위욕구가 충족되어야 상위욕구가 나타나게 된다.

(2) 인간의 기본적 욕구(피라미드형)

① 생리적 욕구, ② 안전의 욕구, ③ 소속(애정)의 욕구, ④ 존경의 욕구, ⑤ 자아실현 욕구

2) 알더퍼(C. Alderfer)의 ERG이론 ★★

(1) ERG이론의 개념

① 상위욕구를 충족시키기 전에 하위 욕구가 먼저 충족되어야 한다는 매슬로우

(Maslow)의 가정을 배제함

② ERG이론은 매슬로우의 5가지 욕구를 존재의 욕구, 관계의 욕구, 성장의 욕구 등 3
가지 범주로 나누어 설명함

(2) ERG이론의 범주

① 존재의 욕구(Existence needs): 매슬로우의 생리적 욕구와 안전욕구를 포함
② 관계의 욕구(Relatedness needs): 매슬로우의 소속욕구와 존중욕구 일부가 해당
③ 성장의 욕구(Growth needs): 매슬로우의 존중욕구와 자기실현의 욕구에 해당

3) 허즈버그(F. Herzberg)의 동기-위생이론 ★★★

허즈버그는 불만을 일으키는 요인(위생요인, 불만요인)과 만족을 주는 요인(동기요
인, 만족요인)은 서로 다르다는 욕구충족 2원론을 제시함

(1) 동기요인(만족요인)

① 맥그리그의 Y이론과 관련되며, 직무 그 자체 · 직무상의 성취 · 직무성취에 대한
인정 · 승진 · 보람 있는 일 · 책임 · 성장 · 발전 등
② 일 그 자체와 관련되며 충족이 되면 적극적 만족감을 느끼고 근무의욕이 향상됨
③ 인간의 정신적 측면, 즉 자기실현 욕구 · 존경욕구 등 상위욕구와 관련되며 장기적
인 효과와 관련됨

(2) 위생요인(불만요인)

① 맥그리그의 X이론과 관련되며 조직의 정책 · 관리 · 급여 · 대인관계 · 노동조건 등
② 일하고 있는 환경과 관련되며 개선이 되면 불만을 감소시키는 역할을 하며 충족되
어도 근무의욕을 향상시키지는 않음

4) 맥클랜드(D. McCelland)의 성취동기이론 ★★

① 권력욕구: 구성원들에게 통제력을 행사하거나 행동에 영향을 미치려는 욕구 등
② 친화욕구: 다른 사람과 친근하고 밀접한 관계를 맺으려는 욕구 등

③ 성취욕구: 어려운 일을 달성하려는 욕구 · 다른 사람들과 경쟁하여 이기고 싶은 욕구 · 자신의 능력을 최대한 발휘하고 싶은 욕구 등

5) 브룸(V. H. Vroom)의 기대이론: VIE이론 ★★

(1) VIE이론의 의의

① 어떤 일을 하게 되는 동기는 자발적으로 여러 행동의 대안을 선택할 수 있을 때 자신이 가장 중요시 하는 결과를 가져올 수 있다고 믿고 기대하는 대안을 선택하는 과정임

② 자신의 노력이 목표를 성취하는데 실질적으로 도움을 줄 것이란 확신을 갖게 될 때 더욱 크게 동기가 부여됨

(2) 주요 개념

① 유인성(V: Valence): 성과나 보상에 대한 매력, 즉 특정한 보상에 대해 개인이 느끼는 선호도, 예) 경제적 유인, 승진, 성취감, 신분보장에 대해 부여하는 가치 등

② 수단성(I: Instrumentality): 가능성에 대한 개인적 신념, 예) 성과상여금 등

③ 기대감(E: Expectancy): 특정 행위 또는 노력이 특정한 성과를 가져올 수 있다는 가능성 또는 주관적 확률과 관련된 믿음, 예) 팀제, 업무의 자기완결성 등

6) 아담스(J. S. Adams)의 형평성(공평성) 이론 ★★

(1) 형평성이론의 의의

① 개인의 행위는 타인과의 관계에서 공평성을 유지하는 방향으로 동기가 부여되며, 업무에서 공평하게 취급받으려고 하는 욕망은 개인으로 하여금 동기를 갖게 함

② 자신이 직무를 수행하는데 투입한 노력 등과 조직으로부터 받는 산출을 계량화함

- 자신의 투입/산출비와 준거인(동종의 직무 종사자 등)의 그것과 비교하여 두 비율 간에 대등함이 인지되면 공평성을 느끼고 만족하게 됨

- 자신의 투입/산출의 비율이 준거인과 비교하여 크거나 작다면 불공평이 인지되어 그 차이를 줄이는 방향으로 동기가 부여됨

(2) 주요 개념

① 투입: 보상을 기대하고 조직에 투여한 능력 · 기술 · 교육 · 경험 · 사회적 지위 등

② 산출: 개인이 받는 수익으로 보수 · 승진 · 직무만족 · 학습기회 등

③ 준거인물: 자신의 투입에 대한 산출의 비율을 비교하는 대상 인물

7) X이론과 Y이론(D. McGregor) ★★★

(1) 인간에 대한 가정

① X이론: 인간에 대한 부정적 가정, 지시와 통제 등 과학적 관리론적 관점에 바탕을 둠

② Y이론: 인간에 대한 긍정적 가정, 민주적 참여의 작업상황 등을 강조하는 인간관계론적 관점에 바탕을 둠

(2) X이론과 Y이론의 특징

① X이론

　　– 1920년대 과학적 관리론과 고전적 조직이론에서 강조함

　　– 인간은 본래 일하는 것을 싫어하며, 가능하면 일을 하지 않으려고 함

　　– 이러한 속성 때문에 조직의 목표를 성취하기위해서는 통제와 지시는 필수적임

　　– 사람은 지시받기를 좋아하며, 야망이 적고 책임을 회피하려고 하며 안정을 원함

② Y이론

　　– 1930년대 인간관계론, 신고전적 조직이론에서 중시함

　　– 사람은 본래 일하기를 좋아하며 오락이나 휴식과 마찬가지로 자연스러운 것

　　– 조직의 목표가 주어지면 스스로 자기통제와 자기지시를 할 수 있음

　　– 자기만족, 자아실현 등 고급욕구의 충족에 의하여 일할 동기를 얻음

8) Z이론(Lundstedt) ★★

(1) Z이론의 의의

린트슈테트(Lundstedt) 등 주장, 맥그리거의 X, Y이론의 결함을 보완하기 위한 이론

(2) 주요 내용

① X, Y이론에 포함시킬 수 없는 인간의 또 다른 측면을 부각시키기 위해 제시한 이론

② 특수 분야에 종사하는 사람들, 예를 들면 과학자나 학자 등에 대한 관리이론

③ 자유방임적이고 고도로 자율적이며, 관리자는 오로지 구성원의 자유의지에 따라 행동하도록 분위기만 조성하고, 동기부여는 가능한 억제한다는 관리이론

〈 동기부여의 내용이론과 과정이론 〉

- 동기부여의 내용이론
  어떠한 요인이 구성원의 동기를 유발시키는가에 관심
  - 매슬로우의 요구단계이론, 허즈버거의 동기–위생이론, 알더퍼의 ERG이론, 맥클랜드의 성취동기이론, 맥그리거의 X · Y이론 등
- 동기부여의 과정이론
  조직구성원이 어떠한 방법으로 욕구를 충족시키는가에 관심
  - 아담스의 형평성이론, 브룸의 기대이론 등

2. 직무의 유지

1) 직무만족

(1) 직무만족의 의의

① 구성원들은 자기 직무에 어떻게 만족하느냐에 따라 조직에 대해 긍정적이거나 부정적임

② 로크(Locke)
  - 내적 만족: 직무의 난이도 · 도전감 · 중요성 · 다양성 · 책임 등 직무 그 자체의 내재적 가치가 주는 만족감
  - 외적 만족: 보상 · 작업환경 · 승진 등 직무수행의 결과에 따라 직무 외적으로 부여된 가치에 대한 만족감

(2) 직무만족의 결정요인

① 긴즈버그(Ginsberg): 경제적 보상·명예·특별한 활동·목표달성에서 얻는 기쁨의 본질적 만족, 사회적·환경적인 만족 등

② 브룸(Vroom): 감독·작업수단·직무내용·임금·승진기회·작업시간 등

③ 로크(Locke): 직무자체·보수·승진·인정·복무후생·작업환경·감독·회사경영방침 등

2) 소진(Burnout) ★★★

(1) 소진의 의의

① 헌신적이었던 전문직업인이 직업에서 경험하는 스트레스와 고통으로 인해 직무에서부터 멀어져 가는 과정임

② 주로 밀접한 인간관계와 관련된 직종의 종사자들에게 나타나는 부정적 현상이며, 사회복지사는 소진의 위험이 다른 집단에 비해 높은 직업군에 속한다고 할 수 있음

(2) 소진의 단계

① 열성의 단계: 일에 대해 희망과 정열, 때로는 비현실적인 기대를 가지고 많은 시간과 정력을 투자하는 단계

② 침체의 단계: 보수·근무시간과 근무환경 등에 신경을 쓰고 개인적인 욕구충족을 더 중요하게 여기게 되는 단계

③ 좌절의 단계: 자신의 직무수행능력과 일 자체의 가치에 대한 의문을 갖게 되고 자신이 하는 일에 대한 위협으로 보게 되며, 노력에 비해 성과가 적다고 불평을 하게 되는 단계

④ 무관심의 단계: 정서적·신체적 포기상태에서 무관심하게 그 직무를 수행하는 자포자기상태 또는 직장을 아주 떠나는 단계

(3) 소진의 영향

① 사회복지사 자신

- 육체적으로 허탈해지면서 쉽게 피로를 느끼고 자주 아프다는 느낌을 호소하게 됨
- 일하러 가기 싫어지고 일에 집중력이 떨어지며 흥미를 잃게 됨
- 정서적인 고갈 상태를 경험하며 부정적인 자아개념을 갖게 됨

② 조직의 측면
- 직무태만과 직무생산성의 저하로 인해 업무처리 시간이 연장되거나 지연됨
- 직무불만족으로 인해 조직의 서비스 질이 저하됨
- 장기적으로 행정비용의 지출을 증가시킴

③ 전문직의 측면
- 전문직으로서의 공감, 진실성 등 요소를 발휘하지 못함
- 클라이언트와의 관계가 단절되고 동료를 향한 비판적 태도를 가짐

④ 클라이언트의 입장
- 클라이언트에 대해 무관심하거나 냉소적인 반응을 보임
- 클라이언트가 말하는 내용에 대해 집중하지 못함
- 클라이언트에 대한 비난·정형화시킴 등 비인간적 태도를 갖게 됨

(4) 소진의 예방전략

① 소진을 유발하는 조직의 구조적인 요인에 대응하여 자율성과 통제권을 확대하고, 중요한 결정에 참여기회를 보장하고, 수직적 의사소통의 경로를 마련함
② 적절한 교육훈련의 기회를 정기적으로 제공하고 일터의 물리적 환경을 개선하며 개별 사회복지사의 장점을 살릴 수 있도록 조직에 융통성을 부여함

3) 갈등의 관리

(1) 갈등의 원인

① 개인적 갈등의 원인
- <u>비수용성</u>: 결정자가 개별 대안을 비교분석하여 각 대안의 결과대로 비교우위를 정립하였으나 만족기준에 미달되어 선택에 곤란을 겪는 상황
- <u>비비교성</u>: 결정자가 각 대안의 결과를 알기는 하지만 최선의 대안이 어느 것인

지를 비교할 수 없어 곤란을 겪는 상황
- 불확실성: 각 대안이 초래할 결과를 알 수 없어 곤란을 겪는 상황
② 복수주체 간 갈등의 원인
- 시간적 제약 하에서 복수구성원 간 공동의사결정의 필요성이 강한 경우
- 집단구성원들 간 목표, 이해관계의 차이 및 목표에 대한 해석상의 차이가 심한 경우
- 불완전·불충분한 정보에 기인하여 인지 및 태도상에 심각한 차이가 있는 경우
- 의사소통에 장애를 받고 할거주의가 만연되어 있는 경우
- 자원이 한정되어 있은 경우, 지나친 전문화와 상호 기대의 차이
- 대안의 선택기준이 모호한 경우

(2) 갈등관리의 전략
① 갈등예방 전략: 아직 갈등이 발생하지는 않았지만 앞으로 발생할 가능성이 있는 역기능적인 갈등을 미연에 발견하여 방지하는 것이 중요함
② 갈등적응 전략: 현재 조직 내의 갈등상황이나 그 원천을 근본적으로 변동시키지 않고 사람들이 적응하도록 만드는 전략
③ 갈등조장 전략: 조직효과성 제고를 위해 순기능적 갈등을 조장할 필요성이 있을 때 사용하는 전략

3. 직무의 평가

1) 직무평가의 개념 ★★
① 직무능력평가: 일정기간 동안 조직·프로그램의 목적성취에 대한 기여도를 평가
② 직무만족도평가: 일과 업무환경에 대하여 지닌 태도나 인지상태를 평가

2) 직무평가의 유형 ★★★
(1) 도표평정식

① 한편에는 평정요소, 다른 한편에는 우열의 등급을 도표로 표시함
② 평가자가 각각의 수행등급을 표시하는 것으로 일반적인 평가밖에 할 수 없음

(2) 개조서열식
① 평가자들이 모든 직원들에 대해 최상에서 최하까지 등급을 매기는 척도
② 직원들을 지나치게 경쟁으로 몰아가며, 평가요소가 구체적이지 못해 평가에 한계

(3) 이분비교식
같은 서열 내 다른 직원들과 비교하여 평가가 이루어지는 척도

(4) 강제배분식
① 평정상의 착오로 나타나는 집중화 경향, 관대화 경향의 폐해를 방지하기 위해 근무성적을 강제로 배분하는 방법
② 일반적으로 수(20%), 우(40%), 양(30%), 가(10%) 등으로 강제 배분

(5) 중요사건평가식
① 직원이 직무수행시 과정이나 결과가 좋았던 업무와 나빴던 업무를 기록하게 함
② 좋았던 업무는 강화하고 나빴던 업무는 검토하여 개선하는 척도로써 직원들에게 피드백(feed-back)을 제공

(6) 행동계류평정식
① 중요사건평가식을 전문화한 방식으로 중요사건들은 전문가를 이용한 델파이기법을 사용하며 등급을 매기는 척도
② 가장 높은 점수를 받은 업무와 관련된 행동이 바로 직무평가의 기대치가 되지만, 시간이 많이 소요되고 비용이 많이 든다는 단점이 있지만 직무평가도구로서는 타당성은 높음

3) 직무평가상 오류 ★★★

① 연쇄효과: 어느 한 평정요소에 대한 평정자의 판단이 연쇄적으로 다른 요소의 평정에도 영향을 주는 현상

② 집중화 경향: 평정자가 모든 피평정자들에 대부분 중간 수준의 점수를 주는 경향

③ 관대화 경향 및 엄격화 경향: 평정결과의 분포가 우수한 쪽 또는 열등한 쪽에 치우치는 경향

④ 규칙적 오류: 어떤 평정자의 가치관 및 평정기준의 차이로 인해 언제나 다른 평정자들보다 후하거나 나쁜 점수를 주는 경향

⑤ 시간적 오류: 쉽게 기억할 수 있는 최근의 실적·능력을 중심으로 평가하려는 경향

⑥ 선입견에 의한 오류: 평정의 요소와 관계없는 요소 등에 대해 평정자가 갖고 있는 편견이 평정에 영향을 미치는 경향

⑦ 논리적 오류: 평정요소 간에 논리적 상관관계가 있다는 관념에 따라 평가하는 경향

01) 동기부여이론에 관한 설명으로 옳지 않은 것은?　　　　　　　(17회 기출)

① 매슬로우(A. H. Maslow)의 욕구단계이론에서 최상위의 단계는 자아실현이다.

② 알더퍼(C. Alderfer)의 ERG이론은 인간의 욕구를 세 가지 범주로 나누었다.

③ 허즈버그(F. Herzberg)의 동기–위생이론에 의하면 감독, 안전은 위생요인에 해당한다.

④ 맥클랜드(D. McCelland)의 성취동기이론에 의하면 성장욕구는 관계욕구보다 상위의 단계이다.

⑤ 아담스(J. S. Adams) 공평성이론에서 조직이 공평성을 실천함으로써 구성원을 동기부여할 수 있다고 하였다.

☞ 해설: 동기부여이론 참조

• 맥클랜드(D. McCelland)의 성취동기이론: 기본적으로 동기를 부여시키는 욕구를 권력욕구, 친화욕구, 성취욕구로 파악하였다.

• 알더퍼(C. Alderfer)의 ERG이론: 상위욕구를 충족시키기 전에 하위 욕구가 먼저 충족되어야 한다는 매슬로우(Maslow)의 가정을 배제하고, 존재의 욕구, 관계의 욕구, 성장의 욕구 등 3가지 범주로 나누어 설명하였다.

　　　　　　　　　　　　　　　　　　　　　　　　　　　　정답 ④

02) 동기부여이론에 관한 설명으로 옳지 않은 것은?　　　　　　　(15회 기출)

① 인간관계이론: 구성원들 간에 호의적인 태도를 가지는 조직은 생산성이 높다.

② 동기–위생이론: 책임성이나 성취에 대한 인정은 동기유발요인에 해당된다.

③ Z이론: 인간은 통제와 강제의 대상이다.

④ Y이론: 인간은 자율성과 창조성을 지닌다.

⑤ 성취동기이론: 인간의 동기부여 욕구를 권력욕구, 친화욕구, 성취욕구로 구분하였다.

☞ 해설: 인간을 통제와 강제의 대상으로 보는 것은 X이론에 해당된다.　　정답 ③

제17장
|
예산수립과 재원

1. 예산(Budget)의 수립

1) 예산의 개념 ★★

① 일반적으로 예산은 1년간의 조직운영 내역을 숫자로 표시하는 것임

② 사회복지법인 및 사회복지시설의 회계연도는 정부 회계연도(1.1~12.31)에 따름

③ 사회복지조직은 "사회복지법인 및 사회복지시설 재무·회계규칙"의 적용을 받음

④ 1회계연도의 모든 수입은 세입으로, 모든 지출은 세출로 표시함

※ 예산의 적용법령

- 중앙정부: 예산회계법
- 지방자치단체: 지방재정법
- 사회복지법인 및 사회복지시설: 사회복지법인 및 사회복지시설 재무·회계규칙

---

2) 예산편성의 과정 및 원칙 ★★

(1) 예산편성의 과정 : 스키드모어(Skidmore)의 사회복지기관 예산편성의 6단계

① 조직의 목표설정: 단기적이고 관찰과 측정이 가능하며 구체적인 세부목표를 장기적인 목표와 부합하는지 검토 수립

② 기관운영에 관한 사실의 확인: 과거와 현재 기관운영에 관하여 이용할 수 있는 기본적인 정보를 입수하고 연구하는 과정

③ 운영대안의 검토: 회계연도 내에 가능한 재원을 활용하는 여러 가지 대안의 검토

④ 우선순위의 결정: 조직의 목표와 효과성, 효율성, 시급성, 재정의 가용성 등 기준의 운영방법과 새로 설정된 운영방법을 비교하여 우선순위의 결정

⑤ 예산에 관한 최종적인 결정: 전체 기관과 기관 내에서 활동하는 개인들의 잠재력과 요구를 고려하여 부서들의 요구를 조정하여 최종적으로 결정

⑥ 적절한 해석과 홍보: 예산안이 최종적으로 확정되면 민간기관의 경우 이사회, 정부기관의 경우 예산담당부서에 예산청구의 필요성을 합리적으로 설명함

(2) 예산의 원칙

① 공개성: 예산과정의 주요한 단계는 국민에게 공개하여야 함

② 명료성: 국민이 쉽게 이해할 수 있도록 합리적인 관점에서 분류하고, 수지의 추계가 명확하고 수입의 유래와 용도가 명확하게 표시되어야 함

③ 사전의결: 예산을 집행하기 전에 입법부의 승인을 받아야 함

④ 정확성: 예산과 결산은 가급적 일치해야 함

⑤ 한정성: 정해진 목적을 위해 정해진 금액을 기간 내에 사용해야 함

⑥ 통일성: 모든 수입을 하나의 공통된 일반세원에 포함하여 지출해야 함

⑦ 단일성: 독립된 복수의 예산이 존재하면 전체적인 관련성이 불명확하게 되어 혼란을 야기하게 되므로 예산은 가능한 단일하게 편성해야 함

⑧ 포괄성: 예산총계주의 원칙으로 모든 세입 및 세출은 예산에 표시되어야 함

⑨ 연례성: 예산은 회계연도 단위로 작성되어야 하며 이를 예산단연주의라고 함

⑩ 배타성: 예산에서는 재정적인 문제만을 취급해야 하고 입법문제는 배제시켜야 함

3) 예산의 성격상 분류 ★★

(1) 예산의 구분

① 본예산: 일반적인 예산편성과 심의과정을 거쳐 최초로 확정된 예산
- 예산편성권(행정부), 심의ㆍ의결권(국회)
- 예산절차: 익년도 예산안 정기국회 제출(정부) → 예비심사(해당 상임위원회) → 본심사(예산결산특별위원회) → 본회의 의결(확정) → 정부로 이송
② 수정예산: 정부가 익년도 예산안을 국회에 제출한 이후 본회의 의결 전에 불가피한 사유로 다시 수정하여 제출한 예산
③ 추가경정예산: 예산이 국회의 의결을 거쳐 확정된 이후에 발생한 사회경제적인 변화에 따른 불가피한 사유로 정부가 본예산을 변경하여 제출한 예산

(2) 임시예산제도
① 잠정예산: 법정기한 내 본예산이 확정되지 않을 때 일정 예산의 지출을 사전에 허가하는 제도
② 가예산: 잠정예산과 유사한 제도이지만 차이점은 1개월 이내라는 제한이 있음
③ 준예산: 정부가 본예산이 확정될 때 까지 인건비 등 필수경비, 법령상 지급의무가 있는 경비 등은 전년도 예산에 준하여 집행하는 제도, 우리나라에서 사용하는 제도

2. 예산모형의 유형

1) 품목별 예산(LIB: Line-Item Budget) ★★★
(1) 품목별 예산의 의의
① 구입하고자 하는 물품 또는 서비스별로 편성하는 투입중심 예산, 가장 오래되고 전통적이며 일반화된 예산체계
② 전년도 예산을 근거로 일정한 금액만큼 증가시키는 점증주의적 예산방식을 취하게 되므로 효율성이 무시되고, 투입 중심적이어서 결과나 목표달성에 대한 고려가 부족함
③ 예산증대의 근거가 프로그램의 특성과 평가에서 나오지 못하고 전반적인 물가인

상률 등을 적용하는 것이 되어 타당한 근거가 되지 못함

(2) 품목별 예산의 장점

① 예산의 편성이 간편하고 비용을 조절하기기 쉬움

② 예산의 지출을 목별로 통제하기가 쉬움

③ 예산의 지출이 항목별로 정리되므로 회계처리가 쉬움

(3) 품목별 예산의 단점

① 점진적 특성으로 인해 예산증감을 신축성 있게 할 수가 없으며, 예산편성에 대한 충분한 근거자료의 제시에 어려움

② 예산기능의 중복이 발생되며 특정 세부목표를 성취하기 위해 어떻게 공급될 것인 지를 명백히 보여주지 못함

③ 프로그램비용과 행정비용을 비교할 근거를 제공하지 못해 효과성, 효율성, 생산성 등을 평가하는데 사용될 수 있는 정보를 제공해 주지 못함

2) 성과주의 예산(PB: Performance Budget) ★★★★

(1) 성과주의 예산의 의의

① 성과주의 예산은 품목별 예산의 단점을 보완하기 위한 방법으로 제시된 예산체계

② 조직의 활동을 기능별 또는 사업별로 나누고, 다시 세부사업별로 나누어 세부사업 단위의 원가를 계산하고, 여기에 업무량을 곱하여 예산액을 산출함

　예) 예산액 = 단위원가 × 업무량

③ 성과평가를 예산에 반영하는 방식, 성과가 좋은 사업에 대하여 인센티브를 주는 방식

(2) 성과주의 예산의 장점

① 일반인들도 기관의 목표와 사업을 분명히 이해할 수 있음

② 단위 원가를 계산해 자금을 배분함으로써 합리성을 도모함

③ 사업별로 통제하기 쉽고 사업의 효율성을 기할 수 있음

④ 예산집행에 있어서 신축성을 부여함

⑤ 장기계획의 수립 및 실시에 도움을 줌

⑥ 예산편성에 있어 자금배정을 합리화할 수 있음

⑦ 정부의 정책이나 계획수립을 용이하게 하며, 입법부의 예산심사를 간편하게 함

(3) 성과주의예산의 단점

① 업무 측정단위와 단위원가의 산출이 어려움

② 회계책임이 명백하지 못함

③ 기능통합을 지나치게 확대시킬 우려가 있음

④ 엄격한 예산집행의 통제가 곤란함

3) 프로그램기획 예산(PPBS: Planning-Programming Budget) ★★★★

(1) 기획예산의 의의

장기적인 사업계획(Planning)을 세우고, 그것을 실천하기 위한 당해 연도의 프로그램 계획(Programming)과 이를 뒷받침하는 예산을 통합하여 수립하는 예산체계

(2) 기획예산제도의 기본원리

① 절약과 능률: PPBS는 한정자원의 최적 활용을 위하여 능률과 절약을 기하는 데 있음

② 효과성: PPBS는 가능한 한 목표의 달성정도를 높이고자 하는 것임

③ 과학적 합리성: PPBS는 체제분석 및 비용효과분석 등을 사용하여 의사결정에 있어서 가능한 주관적 편견을 배제하고 객관적 판단을 내리도록 함

④ 조정: PPBS는 행정조직 및 운영에서 조화 · 균형 · 통합을 확보하고자 하는 것임

(3) 기획예산의 특징

① 조직의 장기적이고 일반적인 목표의 확인 · 개발

② 목표를 달성하기 위하여 구체적이고 시간제한 적이며 계량적인 목표를 잠정적으로 정함

③ 구체적 목표달성에 관련된 사실에 대한 정보를 수집함
④ 수집된 자료를 근거로 구체적인 목표를 설정하고 우선순위를 정함
⑤ 목표달성을 위한 수단으로 기존 프로그램을 포함한 제반 대안들을 개발·분석하여 최적의 대안을 검토함
⑥ 선정된 프로그램에 대한 예산을 수립하여 예상되는 수입원천과 접촉하여 실행 가능성을 검토함
⑦ 현실성 있게 예산안을 수정하고 최종적인 예산안을 선택함

(4) 기획예산의 장점
① 조직목표를 보다 정확하게 파악할 수 있음
② 여러 목표 가운데 가장 시급한 것을 선택할 수 있음
③ 목표달성을 위한 효율적인 수단의 분석이 가능함
④ 합리적인 의사결정이 가능함
⑤ 장기적인 사업계획에 대한 객관적 신뢰도가 높음
⑥ 조직의 통합적 운영이 편리함

(5) 기획예산의 단점
① 중앙집권화의 초래: 최고책임자에게 권한을 집중시키는 경향이 있음
② 계량화의 어려움: 달성되는 효과의 계량화가 어려움
③ 간접비 배분의 어려움: 공통비용이나 간접비의 배분에 어려움
④ 결과의 중시: 결과에만 치중하여 과정을 무시하는 경향이 있음

4) 영기준예산(ZBB: Zero-Based Budget) ★★★★
(1) 영기준예산의 의의
① 과거의 우선순위나 관행에 구애받지 않고 영(zero)에서 출발, 채택된 프로그램에 관해서만 예산을 편성하는 예산체계
② 전년도 예산을 전혀 고려하지 않고, 영기준을 적용하여 체계적으로 비용−편익분석 혹은 비용−효과분석에 의거 사업우선순위를 결정하고 예산을 편성하는 제도

(2) 영기준예산의 수립절차

① 의사결정단위의 확인: 독자적으로 의사결정을 할 수 있는 의미 있는 단위의 확인
② 의사결정단위의 분석: 각 결정단위에서는 프로그램을 어느 수준에서 어떻게 수행할 것인가에 대한 의사결정대안의 개발
③ 각 대안의 비교 및 우선순위 부여: 각 대안들을 비교하여 우선순위의 결정
④ 대안에 대한 예산배정수준의 결정: 우선순위에 따라 적합한 대안을 선택

(3) 영기준예산의 특징

① 예산의 효율성을 제고, 정책결정이 상향적이며, 기존의 프로그램이라고 해서 높게 평가하지는 않음
② 목표의 효율적인 성취에 중점, 어떠한 목적을 세울 것인가에 최대한 관심을 기울임

(4) 영기준예산의 장점

① 예산절약과 사업의 쇄신에 기여함
② 재정운영, 자금배정의 탄력성을 유지할 수 있음
③ 하의상달의 촉진으로 사업의 효과성을 향상시킴
④ 담당자나 하급관리자의 참여를 확대시킴
⑤ 자원배분에 합리성을 기할 수 있음

(5) 영기준예산의 단점

① 사업의 축소, 폐지가 쉽지 않음
② 목표설정 기능, 계획 기능이 위축됨
③ 심리적, 정치적 요인이 무시됨
④ 업무부담의 과중 및 분석기법의 적용한계 등

3. 사회복지조직의 재원

1) 공공재원

(1) 공급자 중심 지원방식: 정부보조금, 위탁비

① 정부보조금: 사회복지법인을 포함하여 사회복지사업을 수행하는 비영리법인, 사회복지시설을 설치·운영하는 개인 등이 정부의 보조금 지급대상이 된다.

② 위탁비: 사회복지사업의 수행주체는 원칙적으로 정부와 지방자치단체이지만 직접 수행하기가 어려우므로 민간에게 그 역할을 맡기고 서비스를 대행하여 실시하는 대가로 지불하는 것이 위탁비이다.

(2) 수요자 중심 지원방식: 바우처

① 정부가 수요자에게 쿠폰을 지급하여 원하는 공급자를 선택하도록 하고, 공급자가 수요자로부터 받은 쿠폰을 정부에 제시하면 그 비용을 지원하는 방식이다.

② 이용자 입장에서 사용범위가 제한된 선택을 허용하지만 현물형태의 급여보다는 이용자에게 선택권을 보다 폭넓게 허용한다.

③ 이용자는 자신이 원하는 서비스 제공자를 고를 수 있으므로 서비스 제공 기관간 경쟁으로 서비스의 품질향상을 기할 수 있다.

④ 노인 돌봄, 장애인활동지원, 산모·신생아도우미 지원, 가사·간병·방문사업 등을 실시하고 있다.

2) 민간재원

민간 재정에는 일반 기부금, 후원금, 영리기업과의 협약을 통한 기부금, 결연 후원금, 특별행사를 통한 모금 지역공동모금회의 배분, 서비스의 이용료나 사용료 등이 있다.

01) 성과주의 예산모형에 관한 설명으로 옳지 않은 것은? (15회 기출)

① 사업별 예산통제가 가능하다.

② 예산배정에 있어서 직관적 성격이 강하다.

③ 목표수행에 중점을 두는 관리지향 예산제도이다.

④ 예산집행에 있어 신축성을 부여한다.

⑤ 실적의 평가를 용이하게 한다.

☞ 해설: 성과주의예산 참조

• 성과주의예산은 조직의 활동을 기능별 또는 사업별로 나누고, 다시 세부사업별로
나누어 세부사업 단위의 원가를 계산하고, 여기에 업무량을 곱하여 예산액을 산출
하는 제도로서 자금배정의 합리적 근거에 관한 정보를 제공할 수 있는 장점이 있다.

정답 ②

02) 사회서비스 이용권(바우처)에 관한 설명으로 옳지 않은 것은? (14회 기출)

① 사용범위가 제한된 선택 허용

② 현물과 비교하여 이용자의 높은 선택권

③ 이용자에게 이용권 지원

④ 영리기관으로 서비스제공자 제한

⑤ 서비스제공자에 관한 정보 접근성 필요

☞ 해설: 영리 혹은 비영리 서비스생산자로부터 선택해서 구매할 수 있다.

• 정부가 수요자에게 쿠폰을 지급하여 원하는 공급자를 선택하도록 하고, 공급자가
수요자로부터 받은 쿠폰을 정부에 제시하면 그 비용을 지원하는 방식이다.

• 이용자 입장에서 사용범위가 제한된 선택을 허용하지만 현물형태의 급여보다는 이
용자에게 선택권을 보다 폭넓게 허용한다.

• 이용자는 자신이 원하는 서비스 제공자를 고를 수 있으므로 서비스 제공 기관간 경

쟁으로 서비스의 품질향상을 기할 수 있다.
- 노인 돌봄, 장애인활동지원, 산모 · 신생아도우미 지원, 가사 · 간병 · 방문사업 등 사회서비스를 실시하고 있다.

정답 ④

제18장
|
예산집행과 회계감사

1. 예산의 집행 및 결산

1) 예산의 집행 ★★

(1) 예산집행의 의의

① 예산의 집행은 수입과 지출에 관한 관리나 통제뿐만 아니라 회계통제, 산출통제, 관리행위에 대한 통제의 의미가 있음

② 예산의 기능은 자원을 확보하기 위한 수단에서 조직의 목적을 달성하기 위한 수단으로 변화되었음

③ 예산의 집행은 조직목표의 효율적 · 효과적 달성과 조직의 존속까지 영향을 미침

(2) 예산집행의 원칙

① 개별화의 원칙: 재정통제체계는 개별기관의 요구사항 및 기대사항에 맞게 고안되어야 함

② 강제의 원칙: 통제체계는 강제성을 띠는 규정이 있어야 하며, 강제성이 없는 규칙은 효과성이 없음

③ 예외의 원칙: 규칙을 정할 때에는 반드시 예외사항을 고려하여야 하며, 그러한 상황에 적용되는 다른 규칙도 명시하여야 함

④ 보고의 원칙: 통제체계는 보고의 규정을 두어야 하며, 재정활동에 대한 보고의 원칙이 없으면 재정관련 행위를 공식적으로 감시하고 통제할 수가 없음

⑤ 개정의 원칙: 규칙은 일정기간 동안만 적용할 수 있도록 제한되어 있거나 적용할 때 부작용이 나타날 경우를 대비하여 일정기간이 지난 후에는 규칙을 개정할 수 있어야 함

⑥ 효율성의 원칙: 통제는 비용과 노력을 최소화하는 정도에서 이루어질 수 있어야 함

⑦ 의미의 원칙: 효과적인 통제가 되기 위해서는 규칙·기준, 의사소통 및 계약 등 관계되는 모든 사람들이 의미 있게 잘 이해할 수 있도록 전달되어야 함

⑧ 환류의 원칙: 재정통제체계에 관한 규칙·기준, 의사소통, 계약 등을 적용할 때 발생할 수 있는 여러 가지의 부작용 및 장·단점 등을 관련자로부터 들어서 개정과 개선의 기초가 되어야 함

⑨ 생산성의 원칙: 재정통제는 서비스가 효과적이고 효율적으로 전달되도록 하기 위한 수단이므로 이로 인하여 서비스의 전달이라는 생산성에 장애와 갈등이 발생하지 않도록 유의하여야 함

(3) 예산집행을 통제하는 기제

① 분기별 할당: 예산의 수입과 지출이 일정하지 않은 경우 예산의 수입과 지출을 분기별로 조정하여 균형을 유지할 필요가 있는 경우

② 지출사전 승인: 일정액 이상을 지출할 경우 최고관리자의 사전승인을 받도록 하거나 또는 지출액수에 따라 중간관리자의 사전승인을 받도록 하는 경우

③ 예산현황의 정기보고: 관리자는 월별·분기별로 재정현황을 보고받아 검토하는 경우

④ 예산의 대체: 회계연도 말에 재정현황이 사업별 또는 계정별로 과다지출 또는 과소지출된 경우에는 과소지출 분에서 과다지출 분을 메우기 위해 대체할 필요가 있는 경우

⑤ 지출의 연기: 조직 내·외로부터의 지불요청에 대하여 의도적으로 적당한 방법을

통해 연기를 함으로써 수입예산의 입금기간의 여유를 갖게 하는 경우

⑥ 지출의 취소: 예상된 재정원천으로부터 수입이 인가되지 않거나 예상된 수입액이 입금되지 않을 경우에는 자금지출을 일시적 또는 최종적으로 취소하는 경우

⑦ 예산의 차용: 사회복지조직에서 차용은 은행 또는 특별단체(협회, 연합회, 정부단체 등)로부터 자금을 빌리는 경우

2) 예산집행의 결산

(1) 결산의 의의

① 한 회계연도 내에 발생한 수입과 지출을 확정적인 계수로 표시하는 절차이며, 결산은 예산집행의 효율성·효과성·적절성과 같은 평가내용까지 포함

② 세입세출결산보고서는 중앙관서의 장이나 법인의 대표이사·시설의 장이 작성하므로 예산집행의 마무리 단계라 할 수 있음

(2) 결산의 필요성

① 법인의 경우 이사회의 의도대로 법인이나 시설이 예산을 집행하였는지를 규명함

② 흑자나 적자의 크기를 확인하여 결산결과를 다음 해 예산에 반영하기 위해 필요함

(3) 결산서의 작성제출

법인의 대표이사는 법인과 시설의 결산보고서를 작성하여 이사회의 의결을 거친 후 다음연도 3월 31일까지 기초자치단체(시·군·구청장)에 제출하여야 함

(4) 결산보고서 첨부서류(사회복지법인 및 사회복지시설 재무회계 규칙 제20조)

① 세입·세출결산서, 과목전용조서, 예비비 사용조서, 대차대조표, 수지계산서

② 현금 및 예금명세서, 유가증권명세서, 미수금명세서, 재고자산명세서 외 14

2. 회계감사

1) 회계(accounting)

(1) 회계의 의의

회계란 특정한 경제적 실체에 대해 이해관계를 가진 사람들에게 경제적 의사결정을 하는 데 유용한 재무적 정보를 제공하기 위한 일련의 과정 또는 체계로 목적에 따라 재무회계와 관리회계로 나눔

① 재무회계: 내부 및 외부 정보 이용자의 경제적 의사결정에 유용하도록 일정 기간 동안의 수입과 지출사항을 측정 보고하는 것이며, 거래자료 기록, 시산표 작성, 분개 작성, 결산을 주요 내용으로 하고 있음

② 관리회계: 행정책임자가 의사결정을 내리는 데 필요하도록 재정관계 자료를 정리하는 것으로 예산단위의 비용을 계상하여 예산의 실행성과를 분석하는 것을 주요 내용으로 함

(2) 회계의 방법 및 장부의 종류

① 회계는 단식부기에 의한다. 다만, 법인회계와 수익사업회계는 복식부기의 필요가 있는 경우에는 복식부기에 의함

② 장부의 종류(사회복지법인 및 사회복지시설 재무회계 규칙 제24조): 현금출납부, 총계정원장, 재산대장, 비품관리대장 등

2) 회계감사

(1) 회계감사의 의의

① 회계감사는 결산과 더불어 예산과정의 마지막으로 예산을 정확하고 효율적으로 집행하였는지 여부를 확인하는 단계

② 조직의 수입지출의 결과에 관한 사실을 확인검증하고, 이에 관한 보고를 하기 위하여 장부 및 기타 기록을 체계적으로 검사하는 행위를 말함

(2) 회계감사의 종류

① 목적에 따른 분류
 - 규정순응감사: 기관의 재정운영이 적절한 회계절차에 따라 시행되었는지, 관련 보고서들이 적절하게 준비되었는지, 각종 규칙과 규제들을 기관이 적절하게 따랐는지 등을 확인하는 것
 - 운영회계감사: 예산과 관련하여 바람직한 프로그램운영의 산출 여부, 조직목표를 달성하는데 있어서 효과성과 능률성 등의 문제를 확인하는 것
② 주체에 따른 분류
 - 내부감사: 조직 내부 최고 관리책임자 또는 다른 중간 행정책임자가 확인을 하는 것
 - 외부감사: 조직 외부의 독립된 회계기관, 회계사 또는 정부의 업무감독기관에서 확인하는 것
③ 대상조직에 따른 분류
 - 기관(시설)에 대한 감사: 정부의 감독관청 및 감사원이 확인하는 것
 - 법인에 대한 감사: 법인에서 지정한 외부의 회계기관 또는 정부의 감독관청이 확인하는 것

3. 사회복지법인 및 사회복지시설 재무·회계 규칙

1) 개요
① 회계연도: 법인 및 시설의 회계연도는 정부의 회계연도에 따른다.
② 출납기한: 1회계연도에 속하는 법인 및 시설의 세입·세출의 출납은 회계 연도가 끝나는 날까지 완결하여야 한다.
③ 세입세출의 정의: 1회계연도의 모든 수입을 세입으로 하고, 모든 지출을 세출로 한다.
④ 예산총계주의: 세입과 세출은 모두 예산에 계상하여야 한다.

2) 예산의 편성 및 결정

(1) 예산편성지침

① 법인의 대표이사는 매 회계연도 개시 1월전까지 그 법인과 해당 법인이 설치·운영하는 시설의 예산편성 지침을 정하여야 한다.

② 법인 또는 시설의 소재지를 관할하는 시장·군수·구청장은 특히 필요하다고 인정되는 사항에 관하여는 예산편성지침을 정하여 매 회계연도 개시 2월전까지 법인 및 시설에 통보할 수 있다.

(2) 예산의 편성 및 결정

① 법인의 대표이사 및 시설의 장은 예산을 편성하여 각각 법인 이사회의 의결 및 운영위원회에의 보고를 거쳐 확정한다.

② 법인의 대표이사 및 시설의 장은 제1항에 따라 확정한 예산을 매 회계연도 개시 5일 전까지 관할 시장·군수·구청장에게 제출(정보시스템 제출포함)하여야 한다.

③ 시장·군수·구청장은 제2항에 따라 예산을 제출받은 때에는 20일 이내에 법인과 시설의 회계별 세입·세출명세서를 시·군·구의 게시판과 인터넷 홈페이지에 20일 이상 공고하고 법인의 대표이사 및 시설의 장으로 하여금 해당 법인 및 시설의 게시판과 인터넷 홈페이지에 20일 이상 공고하도록 하여야 한다.

3) 기타 예산제도

(1) 준예산

회계연도 개시 전까지 법인 및 시설의 예산이 성립되지 아니한 때에는 법인의 대표이사 및 시설의 장은 시장·군수·구청장에게 그 사유를 보고하고 예산이 성립될 때까지 다음의 경비를 전년도 예산에 준하여 집행할 수 있다.

① 임·직원의 보수, ② 법인 및 시설운영에 직접 사용되는 필수적인 경비, ③ 법령상 지급의무가 있는 경비

(2) 추가경정예산

① 법인의 대표이사 및 시설의 장은 예산 성립 후에 생긴 사유로 인하여 이미 성립된 예산에 변경을 가할 필요가 있을 때에는 제10조 및 제11조의 규정에 의한 절차에

준하여 추가경정예산을 편성·확정할 수 있다.

이 경우 노인장기요양기관의 장은 노인장기요양보험법 제38조 제4항에 따라 장기요양급여비용 중 그 일부를 보건복지부장관이 정하여 고시하는 비율에 따라 인건비로 편성하여야 한다.

② 법인의 대표이사 및 시설의 장은 추가경정예산이 확정된 날로부터 7일 이내에 이를 시장·군수·구청장에게 제출하여야 한다.

(3) 예비비

법인의 대표이사 및 시설의 장은 예측할 수 없는 예산외의 지출 또는 예산의 초과지출에 충당하기 위하여 예비비를 세출예산에 계상할 수 있다.

(4) 예산의 전용 및 이월

① 예산의 전용: 법인의 대표이사 및 시설의 장은 관·항·목간의 예산을 전용할 수 있다. 다만, 법인 및 시설(소규모 시설 제외)의 관간 전용 또는 동일 관내의 항간 전용을 하려면 이사회의 의결 또는 시설운영위원회에의 보고를 거쳐야 하되, 법인이 설치·운영하는 시설인 경우에는 시설운영위원회에 보고한 후 법인 이사회의 의결을 거쳐야 한다.

② 세출예산의 이월: 법인의 대표이사 및 시설의 장은 법인회계와 시설회계의 세출예산 중 경비의 성질상 당해회계연도안에 지출을 마치지 못할 것으로 예측되는 경비와 연도내에 지출원인행위를 하고 불가피한 사유로 인하여 연도내에 지출하지 못한 경비를 각각 이사회의 의결 및 시설운영위원회에의 보고를 거쳐 다음 연도에 이월하여 사용할 수 있다. 다만, 법인이 설치·운영하는 시설인 경우에는 시설운영위원회에 사전 보고한 후 법인 이사회의 의결을 거쳐야 한다.

4) 결산 및 감사

(1) 결산서의 작성제출

① 법인의 대표이사 및 시설의 장은 법인회계와 시설회계의 세입·세출 결산보고서를 작성하여 각각 이사회의 의결 및 시설운영위원회에의 보고를 거친 후 다음 연

도 3월 31일까지 시장·군수·구청장에게 제출(정보시스템을 활용한 제출을 포함)하여야 한다. 다만, 법인이 설치·운영하는 시설인 경우에는 시설운영위원회에 보고한 후 법인 이사회의 의결을 거쳐 제출하여야 한다.

② 시장·군수·구청장은 제1항에 따라 결산보고서를 제출받은 때에는 20일 이내에 법인 및 시설의 세입·세출결산서를 시·군·구의 게시판과 인터넷 홈페이지에 20일 이상 공고하고, 법인의 대표이사 및 시설의 장으로 하여금 해당 법인 및 시설의 게시판과 인터넷 홈페이지에 20일 이상 공고하도록 하여야 한다.

(2) 감사

① 법인의 감사는 당해법인과 시설에 대하여 매년 1회 이상 감사를 실시하여야 한다.

② 법인의 대표이사는 시설의 장과 수입원 및 지출원이 사망하거나 경질된 때에는 그 관장에 속하는 수입, 지출, 재산, 물품 및 현금 등의 관리상황을 감사로 하여금 감사하게 하여야 한다.

③ 감사보고서에는 감사가 서명 또는 날인하여야 한다.

(3) 회계감사

시·도지사 또는 시장·군수·구청장은 법인 및 시설이 다음의 어느 하나에 해당하는 경우 회계감사를 실시할 수 있다.

① 사회복지사업법 제40조 제1항에 따른 회계부정이나 불법행위 또는 그 밖의 부당행위 등이 발견된 경우

② 사회복지사업법 제42조 제3항에 따라 거짓이나 그 밖의 부정한 방법으로 보조금을 받은 경우

③ 사회복지사업법 제42조 제3항에 따라 사업 목적 외의 용도에 보조금을 사용한 경우

④ 사회복지사업법 또는 사회복지사업법에 따른 명령을 위반한 경우

⑤ 제42조제4항에 따라 감사가 시장·군수·구청장에게 보고한 경우

⑥ 위에서 규정한 사항 외에 공인회계사 또는 감사인의 추천 등 회계감사의 실시와 관련하여 필요한 사항은 해당 지방자치단체의 조례로 정한다.

5) 후원금의 관리

① 후원금의 범위 등: 법인의 대표이사와 시설의 장은 후원금의 수입·지출 내용과 관리에 명확성이 확보되도록 하여야 한다.

② 후원금의 영수증 발급 등: 법인의 대표이사와 시설의 장은 후원금을 받은 때에는 기부금영수증 서식에 따라 후원금 영수증을 발급하여야 하며, 영수증 발급목록을 별도의 장부로 작성·비치하여야 한다.

③ 법인의 대표이사와 시설의 장은 금융기관 또는 체신관서의 계좌입금을 통하여 후원금을 받은 때에는 법인명의의 후원금전용계좌나 시설의 명칭이 부기된 시설장 명의의 계좌를 사용하여야 한다.

④ 모든 후원금의 수입 및 지출은 후원금전용계좌 등을 통하여 처리하여야 한다. 다만, 물품 형태의 후원금은 그러하지 아니하다.

⑤ 법인의 대표이사와 시설의 장은 후원금을 후원자가 지정한 사용용도 외의 용도로 사용하지 못한다.

01) 사회복지조직의 예산수립 원칙으로 옳은 것은?　　　　(17회 기출)

① 회계연도 개시와 동시에 결정되어야 한다.

② 수지균형을 맞춰 흑자예산이 되어야 한다.

③ 회계연도가 중첩되도록 다년도로 수립하여야 한다.

④ 예산이 집행된 후 즉시 심의·의결을 거쳐야 한다.

⑤ 세입과 세출은 모두 예산에 계상하여야 한다.

☞ 해설: 사회복지조직은 "사회복지법인 및 사회복지시설 재무·회계규칙"의 적용을 받으며, 1회계연도의 모든 수입은 세입으로, 모든 지출은 세출로 표시하여야 한다.

정답 ⑤

02) 사회복지법인 및 사회복지시설 재무·회계규칙상 다음에서 설명하는 예산은?
　　　　　　　　　　　　　　　　　　　　　　　　(16회 기출)

> 회계연도 개시 전까지 법인의 예산이 성립하지 아니한 때에는 시장·군수·구청장에게 그 사유를 보고하고 예산 성립 전까지 임직원의 보수, 법인 및 시설의 운영에 직접 사용되는 필수경비, 법령상 지급의무가 있는 경비는 전년도 예산에 준하여 집행할 수 있다.

① 계획예산

② 본예산

③ 특별예산

④ 준예산

⑤ 추가경정예산

☞ 해설: 사회복지법인 및 사회복지시설 재무 · 회계규칙 참조

• 준예산(제12조): 회계연도 개시 전까지 법인 및 시설의 예산이 성립되지 아니한 때에는 법인의 대표이사 및 시설의 장은 시장 · 군수 · 구청장에게 그 사유를 보고하고 예산이 성립될 때까지 다음의 경비를 전년도 예산에 준하여 집행할 수 있다.

1. 임 · 직원의 보수

2. 법인 및 시설운영에 직접 사용되는 필수적인 경비

3. 법령상 지급의무가 있는 경비

정답 ④

제19장
|
정보관리와 문서관리

1. 정보관리의 개념

1) 정보관리의 의의

① 각종의 정보를 가장 능률적이며 합리적으로 정확하게 수집 · 분류 · 정리 · 분석 · 전달하고 이용해서 처분하는 일련의 과정이며, 정보를 그 목표달성의 수단으로 이용하는 관리방식

② 모든 조직들은 막대한 정보를 수용하는 정보망을 형성하고 있으며 이러한 제반 정보의 효율적인 관리를 위해 정보관리가 필요함

③ 인간이 가지는 인지능력과 시간적 한계성을 극복하도록 도와주며, 대량의 복잡한 정보를 신속하고 효율적으로 활용하도록 도와줌으로써 효과적인 관리를 가능케 하는 시스템

2) 정보관리의 필요성 ★★

① 정보자체의 요인: 사회복지서비스를 제공함에 있어 엄청난 양의 정보를 적시적소에 이용하기 위해서는 정보관리가 필요함

② 합리적인 정책결정: 합리적인 정책결정에 도움이 될 수 있는 정보를 수집 · 분석 · 가공하여 필요한 경우 즉시 정책결정자에게 제공하여 도움을 줄 수 있음

③ 복지서비스 요구의 증가: 다양한 복지서비스(원격진료 · 상담 · 교육 · 재택근무 등)를 효과적으로 전달하기 위해서는 정보관리가 중요함

④ 복지서비스 전달체계의 효율성 향상: 다양한 사회복지조직과 자원을 상호 연계시켜 줌으로써 서비스 전달체계의 효율성을 향상시키는 데 필요함

⑤ 복지서비스의 참여기회 확대: 정보사회에서 서비스의 제공자와 소비자 간의 의사소통장애를 제거함으로써 복지서비스의 참여기회를 확대함

⑥ 국민의 삶의 질 향상: 정보사회에서 사회적 약자를 포함한 국민의 삶의 질을 향상시킬 수 있는 기회를 제공함

3) 사회복지조직의 요구정보

정보종류	주요 내용
클라이언트 및 지역사회정보	클라이언트의 인구학적 특성, 기관의 이용현황 등
욕구정보	지역사회주민과 클라이언트의 복지욕구 내용 등
서비스와 자원정보	제공하는 서비스의 종류와 내용, 서비스의 질에 관한 것 등
처우정보	처우계획, 실시내용 등
기술정보	사회복지사의 전문적 지식, 활용 가능한 기술 등
참가정보	후원자, 자원봉사자 활동, 이벤트와 강좌 등
규범정보	조직 내 규칙과 지침서 등
환경정보	정부시책, 행정방침, 관련 정책과 제도의 변화추이 등
관리정보	조직의 재무, 인사, 타 조직에 관한 사항 등

4) 정보관리의 부작용 ★★

① 비밀보장의 어려움: 조직 · 클라이언트의 사적 부분까지 과다하게 노출될 가능성이 있음

② 정보의 소외현상: 컴퓨터에 미숙한 사람은 정보로부터 소외되고 이것이 삶의 격차로 작용할 수도 있음

③ 잘못된 정보의 획득: 잘못된 정보를 그대로 받아들임으로써 클라이언트 등에게 혼

선을 자아낼 수 있음

④ <u>기준행동의 유발</u>: 전산화로 자료를 정리할 때 발생할 수 있는 문제, 즉 일정형식에 따라 나름의 기준을 결정하게 됨

2. 정보관리시스템

1) 정보관리시스템의 개념

① 조직의 내부·외부환경에서 발생하는 정보자료를 정형화된 구조를 통해 수집·저장·처리하여 관리자가 효율적인 의사결정을 할 수 있도록 유용한 정보로 전환하는 체계를 의미함

② 법적인 규제를 확인할 수 있도록 하고, 각종 거래에서 수반되는 요구조건들이 충족되고 있는지를 확인시켜 주며, 기획·통제·의사결정 등에 필요한 조직정보를 산출시켜 주고, 외부에서 요구하는 다양한 종류의 보고서들을 제공해 줄 수 있음

2) 정보관리시스템의 종류

(1) 사용 방향에 따른 종류

① 고객정보시스템

② 조직정보시스템

(2) 조직내부 관리영역에 따른 종류

① 인사관리정보시스템

② 조직관리정보시스템

③ 재정관리정보시스템

(3) 시스템용도에 따른 종류

① 데이터베이스관리시스템

② 모델베이스관리시스템

③ 대화생성관리시스템

3) 정보관리시스템의 유형과 기능 ★★★

(1) 전산자료처리시스템(DP: Data Processing): 효율
① 기계, 사람, 절차 및 반복적인 사무업무를 가능하게 함
② 반복적인 사무업무처리의 능률향상에 역점

(2) 관리정보시스템(MIS: Management Information System): 보고
① 구조화된 의사결정을 위한 사무적인 능률을 향상시킴
② 정보교환의 매체를 통하여 운영시스템을 상호 연결하여 조직산출을 최적화함
③ 의사결정을 내리는 데 필요한 정보의 제공으로 일상적이고 구조화된 의사결정 능률의 향상 도모

(3) 지식기반시스템(KBS: Knowledge-Based System): 의사결정 지원
① 클라이언트와 직접 서비스 제공자의 상호작용을 지원하기 위한 복잡성을 다룸
② 전문가시스템: 사용자가 제공한 사실을 기초로 컴퓨터 안에 저장된 지식을 응용하여 사례에 관한 의사결정을 하는 것
③ 사례기반추론시스템: 수천 개의 클라이언트 사례를 조사하여 저장하고, 이들 저장된 사례자료로부터 지식을 얻어 내는 것
④ 자연음성처리시스템: 언어를 텍스트로 전환하는 것

(4) 의사결정지원시스템(DSS: Decision Support System): 효과
① 의사결정과 이의 집행을 돕도록 설계, 의사결정의 효과성과 조직의 효과에 초점
② 비 구조화 · 준구조화된 의사결정을 위해 모델링기법을 이용하여 의사결정을 지원함

(5) 업무수행지원시스템(PSS: Performance Support System): 성과
① 업무를 완성하는 데 필요한 정보를 통합 제공하여 업무를 향상시킴

② 서비스 제공자의 성과에 초점, 사용자가 업무수행을 위해 어떤 정보가 필요한지를 확인시켜 주고 도와줌

3. 우리나라의 사회복지시설 정보시스템(보건복지부)

1) 국가복지정보시스템의 목적

(1) 사회복지시설업무의 표준화

① 아동, 노인, 장애인, 부랑인, 정신요양 및 한 부모가족복지시설 등의 내부 관리업무를 분석하고 단일표준화를 위한 것

② 모든 생활시설 및 이용시설에서 공통으로 사용이 가능함

(2) 사무처리의 간소화와 효율화

① 복지시설 내에 수기문서를 효율적으로 관리하고, 복잡한 업무처리를 간소화하기 위한 것

② 시스템 내 모든 업무가 연결성을 갖고 처리되어 업무의 중복성을 방지할 수 있음

③ 과거 자료의 간편한 제공 및 필요한 통계자료 산출 등을 자동적으로 수행할 수 있음

(3) 외부제출 자료작성의 편의성

① 외부에 제출하는 자료 작성에 편의를 증진하고, 기본적이고 다양한 감사자료를 제공함

② 사용자의 목적에 맞게 세입·세출 명세서, 현금 및 예금명세서 등 다양한 별지서식을 활용하여 제출할 수 있음

(4) 웹기반시스템의 구축

① 인터넷에 접속하여 시설 코드, 아이디와 비밀번호를 입력하여 사용할 수 있음

② 출장지나 퇴근 후에도 시스템에 접근하여 사용이 가능함

③ 데이터 유실에 대비하기 위해 매일 1회 자체 백업을 진행하여 시설에서 자체 백업 자료를 보유하길 원할 경우 시설 PC에 백업한 자료를 보관할 수 있음

2) 사회복지시설정보시스템의 주요 기능

① 회계관리, 세무관리, 인사 · 급여관리, 후원금관리, 이력관리, 시 · 군 · 구 보고, 시스템관리 등이 신속 정확하게 이루어질 수 있음
② 사회복지시설이 사용하는 국가복지정보시스템과 시 · 군 · 구에서 사용하고 있는 새올행정시스템간 연계시스템이 구축됨에 따라 사회복지법인 및 시설은 기존 종이문서로 처리하던 보조금 교부 · 정산 등 업무 관련 문서를 국가복지정보시스템을 활용하여 시 · 군 · 구로 온라인 보고할 수 있음

3) 사회복지조직에서 정보관리체계가 필요한 이유

유관 기관 간 서비스 연계, 서비스의 질에 대한 모니터링, 상시적인 평가와 환류, 조직성과의 대 · 내외적 제시 등을 위해 필요함

4. 문서관리

1) 문서의 개념 및 종류

(1) 문서의 개념

의사소통을 하기 위해 고안된 정보를 물리적으로 묶어 놓은 서류 또는 문건을 의미함

2) 문서의 종류

① 접수문서: 외부에서 접수되는 문서로써 문서 주관 부서에서 일정한 절차에 의하여 접수되는 문서
② 기안문서: 결재문서라고도 하며 결재권자의 결재를 얻기 위하여 기안서식에 따라 사무처리 초안을 기재한 문서
③ 시행문서: 발송문서라고도 하며 결재문서의 내용을 시행하기 위하여 규정된 서식

에 의하여 작성된 문서

④ 보존문서: 행정관리, 의사결정 등 자료가치가 있어 보존을 필요로 하는 문서

⑤ 합의문서: 기안문서 중 그 내용과 관계되는 다른 부서와의 협조를 얻기 위하여 합의하는 문서

⑥ 폐기문서: 보존기간이 종료되고 문서의 가치가 상실되어 폐기 처분되는 문서

⑦ 마이크로필름문서: 지면이 아닌 마이크로필름에 중요한 내용의 문서나 영구보존의 필요성이 있는 문서를 담아놓은 문서

3) 문서의 보존

(1) 문서의 보존

① 생산기관, 보존기간, 생산년도, 분류번호별로 구분하여 관리하는 것을 의미하는 것으로서 보통 문서의 보존기간은 영구 · 준영구 · 10년 · 5년 · 3년 · 1년으로 구분함

② 문서의 종류별 보존기간 책정기준은 법령으로 정함

(2) 문서의 보존기간

① 보존기간의 기산일은 당해문서를 처리 · 완결한 날이 속하는 해의 다음해 1월 1일로 정함

② 행정기관의 장은 매년 1회 당해 기관에서 보존하고 있는 문서의 보존기간 변경 필요성 여부를 검토함

③ 필요가 있다고 인정되는 경우에는 법령이 정하는 바에 따라 그 보존기간을 연장 또는 단축할 수 있음

01) 정보관리시스템 구축의 영향에 해당하지 않는 것은? (14회 기출)

① 대규모 개정정보 위험의 감소

② 사회복지전문가가 복잡한 의사결정을 쉽게 할 수 있도록 지원

③ 저장된 수천 개의 사례를 기반으로 한 이론의 발전

④ 서비스이용자의 실적을 월별, 분기별, 사업현황별로 정기적 점검이 가능

⑤ 필요한 정보를 통합 및 제공하여 업무 향상

☞ 해설: 정보관리시스템 구축으로 대규모 개인정보의 위험이 증가되었다.

즉 클라이언트의 개인정보에 대한 비밀보장을 위한 대책이 더욱 중요하게 되었다.

정답 ①

02) 사회복지조직에서 정보관리체계가 필요한 이유를 모두 고른 것은?

(13회 기출)

㉠ 상시적인 평가와 환류
㉡ 서비스 질에 대한 모니터링
㉢ 조직성과의 대내외적 제시
㉣ 유관기관 간 서비스 연계

① ㉠, ㉡, ㉢　　　　　② ㉠, ㉢　　　　　③ ㉡, ㉣

④ ㉣　　　　　　　　⑤ ㉠, ㉡, ㉢, ㉣

☞ 해설: 사회복지조직에서 정보관리시스템은 기본적인 관리업무를 통합하고 구성원의 업무를 지원하기 위해 활용될 수 있다.

정답 ⑤

제20장
|
프로그램 개발과 평가

1. 욕구조사

1) 욕구조사의 개념 ★★★

① 욕구조사의 의의

　　욕구조사는 일정한 지역 내에서 거주하는 주민의 욕구를 계량적으로 측정하기 위한 방법으로서 사회복지서비스를 계획하고자 할 때는 누가, 어떤 서비스를 필요로 하는지를 정확히 측정해야 함

② 욕구조사의 목적

　　- 지역주민 및 주요 클라이언트들이 필요로 하는 각종 서비스 또는 프로그램을 식별해 우선순위를 정함

　　- 프로그램 운영에 필요한 예산할당 기준을 마련하고, 현재 수행중인 사업의 평가에 필요한 보조자료를 마련함

　　- 프로그램을 수행하는 지역사회 내 기관들 간 상호의존 및 협동상황을 파악함

2) 욕구조사의 관점

브래드쇼(Bradshaw)는 욕구인식의 기준에 따른 욕구를 규범적 욕구, 감촉적 욕구, 표현적 욕구, 비교적 욕구로 구분함

(1) 규범적 욕구

① 전문가, 행정가, 사회과학자 등이 욕구의 상태를 규정하는 것으로, 상황이나 환경이 질적·양적으로 측정되어 문제로서 인정되기 위한 어떤 기준이나 규범에 부합하는 욕구
② 사회적 관습·권위·일반적 여론에 의해 확립된 표준이나 기준, 유사한 지역사회에 대한 조사나 전문가들의 의견으로부터의 목표수립, 기존 자료의 서비스 수준과 비교 가능한 비율로 표시되는 욕구 등
③ 절대적인 것이 되지 못하고 실제로 기준을 정하는 자에 따라 달라질 수 있으며, 지식의 발전과 사회의 가치기준 변화에 따라 변동될 수 있음

(2) 감촉적 욕구

① 욕구상태에 있는 당사자의 느낌에 의하여 인식되는 욕구로서 사람들이 욕구로 생각하는 것 또는 욕구되어야 한다고 느끼는 것을 의미하며 어떤 욕구의 상태에 있는지 또한 어떤 서비스를 필요로 하는지를 물어보아서 파악하는 욕구
② 실제적인 욕구의 측정이 되지 못하고 개인의 인식 정도에 따라 달라질 수 있음

(3) 표현적 욕구

① 의료 및 건강의 욕구파악에 많이 이용되며 주로 대기자 명단에 의하여 파악되고 있음
② 개인이 실제로 서비스를 얻기 위해 노력했는지의 여부, 어느 정도 지역사회에서 충족되었는가의 여부로 측정함

(4) 비교적 욕구

① 어떤 서비스를 받고 있는 사람들과 비슷한 특성을 갖고 있으면서도 서비스를 받지 못하고 있는 사람들을 욕구의 상태에 있는 것으로 규정함

② 욕구충족을 위한 급여의 수준을 미리 정하고 이 수준에 의하여 욕구를 파악하는 것이라고 할 수 있는데 이는 지역사회의 자원분배와도 관계가 있음

3) 욕구조사의 방법 ★★★

(1) 사회지표분석

① 일정한 행정지역 또는 지역사회의 상태를 파악하기 위해서 기존 공식자료를 이용하며, 사회조사에 사회지표를 포함해서 얻는 자료를 사용할 수도 있으며, 해당지역의 사정을 파악하는 데 매우 적절한 방법임

② 단순한 지표(소득 · 인구밀도 · 영아사망률 등)에서부터 통계처리를 요하는 매우 복잡한 설계까지 있으며, 신뢰성과 타당성이 있어야 하고 실제로 욕구를 파악할 수 있는 공인된 지표이여야 함

③ 사회지표의 종류: 경제 · 고용 · 가정생활 · 교육 · 주택 · 레크리에이션 · 일상생활 만족도 등

(2) 주요 정보제공자 조사(핵심정보제공자 조사)

① 조직의 서비스제공자, 인접한 직종의 전문직 종사자, 지역 내의 사회복지조직의 대표자, 공직자 등을 포함하는 지역사회 전반의 문제에 대하여 잘 알고 있는 것으로 인정되는 사람들을 통한 조사방법

② 장점: 비용이 적게 들고, 표본을 쉽게 선정할 수 있으며, 지역의 전반적인 문제를 쉽게 파악할 수 있다는 점

③ 단점: 의도적 표집으로 표본의 편기현상(편향)이 나타날 수 있고, 지적하는 문제점들이 정치의식에 민감한 문제가 될 수 있으며, 실제적으로 많은 주민들의 문제가 제외될 가능성이 크다는 점

(3) 지역사회서베이

① 지역사회의 일반인구 또는 특정 표적인구의 욕구를 조사하기 위하여 이들 전체 인구를 대표할 수 있는 표본을 선정하여 이들이 생각하거나 느끼는 욕구를 조사하면서 조사 대상 전체의 욕구를 추정하는 방법

② 표본에서 나타난 욕구가 전체 대상을 대표하는 정확성을 갖기 위해서는 표본이 확률적 표집방법으로 선정되어야 하고, 표본의 크기가 적절해야 하며, 조사척도인 질문지 및 면접에 있어서 신뢰도와 타당도가 있어야 함

③ 대상: 지역의 일반주민 전체가 되는 경우와 일부 특정 표적인구가 되는 경우가 있는데, 전자의 경우는 지역사회 중심의 욕구조사 접근방법에서 이용되고, 후자의 경우는 클라이언트 중심의 욕구조사 접근방법에서 이용됨

④ 장점: 실제적인 서비스 수혜자 또는 잠정적인 수혜자가 인식하는 욕구를 직접 파악할 수 있고, 표본을 통하여 대상자 전체의 욕구를 파악할 수 있음

⑤ 단점: 비용이 많이 들고 우송 질문지방법을 사용하는 경우 회수율이 낮고, 현실적으로 불가능한 응답을 얻게 되는 문제가 발생할 수 있음

(4) 지역사회 공개토론회(지역사회포럼)

① 지역사회에 거주하거나 활동하는 사람들이 그들의 생활경험이나 관찰 또는 정보를 통하여 지역의 사회적 욕구나 문제 등을 잘 알고 있다는 전제하에 조사자가 모든 사람들이 참여할 수 있는 공개적인 모임을 주선하여 이 모임에서 논의되는 지역사회의 욕구나 문제들을 파악하는 방법

② 장점: 적은 비용으로 광범위한 지역이나 계층 및 집단들의 의견 청취, 문제에 대한 인식과 관심을 개인·집단·기관에 따라 식별, 서베이를 위한 사전준비의 기회가 될 수 있음

③ 단점: 관심 있는 사람들만 참석하여 자기선택으로 인한 표본의 편기현상이 나타나는 것이고, 참석자의 소수만이 의견을 발표하게 되는데, 단점을 개선하기 위하여 특정문제에 대한 소규모 회의를 여러 번 개최하거나 지역사회 내 다른 장소에서도 여러 번 회의를 개최할 수 있음

(5) 초점집단조사(포커스그룹 인터뷰)

① 소수의 응답자와 집중적인 대화를 통하여 정보를 찾아내는 면접조사방법

② 소수의 이해관계자를 모아 자유롭게 의견을 개진하고 토론하여 문제를 깊이 있게 파악할 수 있음

2. 프로그램의 개발 및 실행

1) 사회복지프로그램의 개발 ★★

(1) 프로그램개발의 의의

① 프로그램개발은 프로그램의 기획과 설계는 물론 실행 · 평가 · 환류과정을 망라하는 매우 복잡한 절차와 방법을 포괄하는 과정이라 할 수 있음

② 프로그램을 개발할 때 반드시 고려해야 할 5가지 요소

- 목적(Purpose): 합목적성 및 목표의 일관성, 프로그램은 목적이 제시하는 내용에 적합해야 함
- 사람(Person): 능력수준과 흥미에의 적합성, 프로그램의 내용은 대상자의 필요와 흥미 또는 능력 수준을 고려하여 주제의 내용과 방법이 적합하고 친밀감이 있는 것으로 선정해야 함
- 문제(Problem): 프로그램의 통합성, 프로그램에 참여하는 대상자의 문제해결이나 목표달성을 위하여 단편적인 프로그램을 제공하는 것이 아니라 인간의 경제적 · 사회적 · 심리적 · 문화적 제반 문제들을 통합적으로 고려하는 프로그램이어야 함
- 과정(Process): 프로그램의 내용을 구성할 때 다양한 성격의 서비스 기관들이 참여할 수 있도록 해야 함
- 장소(Place): 프로그램을 실시하는 기관의 지역적 · 문화적 상황이 다르기 때문에 프로그램의 내용 선정에서도 지역적 특성을 반영하고 각 지역의 독특한 특성을 발굴해 내야 함

(2) 사회복지프로그램개발의 과정

① 일반적으로 프로그램의 개발은 문제 및 욕구 확인, 프로그램의 설계 및 계획, 프로그램의 실행, 프로그램평가의 4단계를 거침

② 각각의 단계는 독립적으로 분리되어 존재하는 것이 아니라 서로 밀접하게 연관되어 주기적으로 반복되는 순환과정을 이루고 있음

2) 프로그램의 실행

(1) 프로그램 실행의 의의

① 프로그램 실행이란 수립된 프로그램의 실천계획을 실하는 것을 말하며, 프로그램
   을 실행하면서 유의할 점은 프로그램의 계획에 너무 지나치게 얽매여서 목표전치
   가 발생하지 않도록 해야 함

② 프로그램은 효율적·효과적인 서비스를 제공하기 위한 도구이지 그 자체가 목표
   는 아님

(2) 프로그램 실행 시 유의사항

① 프로그램의 실행은 탄력적으로 운영할 수 있는 융통성이 필요하며 때로는 목적달
   성을 위하여 실행계획이 수정될 수도 있음

② 매일 프로그램을 마치고 관계자들은 프로그램관리자나 슈퍼바이저와 함께 그날의
   일들을 토의하거나 조언을 듣는 것이 필요함

③ 이러한 슈퍼비전은 프로그램이 진행되는 동안 중간과정의 형성평가에 해당되는
   활동임

3. 프로그램의 평가

1) 프로그램평가의 의의

① 프로그램 개발에서 평가는 설정된 목표가 달성되었는가를 알아보기 위한 과정 혹
   은 시행한 프로그램의 가치와 의의를 판단하는 사회적 과정이라 할 수 있음

② 조직체는 끊임없이 프로그램을 평가해야 하며 평가결과에 따라 조직체의 프로그
   램운영 태세를 재정비해야 함

③ 평가의 기본목적은 복지체제를 개선·강화하고 이를 통해 보다 효과적인 서비스
   전달체계를 운용하는 데 있음

2) 프로그램평가의 기준 ★★

① 노력성(Effort): 사회복지사업을 위한 투입(인력, 비용 등)의 양과 질을 말하며, 측정방법으로는 서비스 단위당 클라이언트 수 및 사회복지사 혹은 자원봉사자의 수, 클라이언트 대비 사회복지사의 수 등으로 나타낼 수 있음

② 수행성(Performance): 사업의 산출을 의미하는 것으로 노력의 결과를 측정하는 것을 말하며, 프로그램전달체계에 직결된 단기적·장기적 목적들을 분명히 할 필요가 있음

③ 적절성(Adequacy): 클라이언트의 욕구, 기관요원의 기술 및 기관이 소유한 자원에 알맞게 그 크기와 범위를 적정하게 운용하는 것을 말함

④ 효율성(Efficiency): 일반적으로 '최소의 비용으로 최대의 효과'를 내는 것이며, 투입된 비용에 대해 산출된 서비스의 양을 비교·평가하는 것을 말함

⑤ 효과성(Effectiveness): 사회복지서비스의 목표달성 정도를 측정하는 것을 말하며, 효과성을 평가할 때에는 의도된 결과와 아울러 예기치 않았던 결과도 고려해야 함

⑥ 과정(Process): 노력이 산출(Output)로 옮겨지는 중간과정 또는 절차를 말하며, 프로그램의 결과를 산출하는 방법을 분석하는 것임

⑦ 서비스의 질(Quality): 서비스를 통해 클라이언트(개인, 가족, 지역사회 등)의 변화 등을 평가하는 것을 말하며, 서비스의 목적을 달성하기 위해 필요한 방법과 기술을 얼마나 적절하게 사용하였는가와 관련된 것임

⑧ 만족도(Satisfaction): 일반적으로 프로그램을 종결하면서 프로그램과 서비스에 대한 만족상태를 조사하는 것을 말하며, 전체적인 내용을 조사할 때나 과정평가시 프로그램의 방향을 수정할 때 사용되기도 함

⑨ 영향성(Impact): York가 제시한 프로그램 평가의 기준에 해당하며, 프로그램의 개별성과 구분되는 개념으로 의도했던 사회문제 해결에 어느 정도 기여했는지 파악하는 것임

3) 프로그램 평가의 종류

(1) 목적에 따른 분류

① 형성평가(과정 중심적): 프로그램의 진행 중 문제점을 찾아내고 수정·보완할 목적으로 실시하는 평가이며, 바람직한 운영전략을 수립함

② 총괄평가(목표 지향적): 프로그램 종결 후 결과를 평가대상으로 효과를 파악하는 것이며, 프로그램이 달성하고자 했던 목표를 얼마나 잘 성취했는가의 여부를 평가함

(2) 평가규범에 따른 분류

① 효과성평가: 프로그램의 목적달성 정도의 평가

② 효율성평가: 투입과 산출의 비교평가, 즉 비용최소화와 산출극대화의 평가

③ 공평성평가: 프로그램의 효과와 비용이 사회집단 간 공평하게 배분되었는지 여부 평가

(3) 계량화에 따른 분류

① 양적평가: 설문조사와 구조화된 질문지를 이용하여 숫자 · 비율 등 자료를 수집하며, 객관적인 자료가 연역적 방법으로 분석되는 것을 강조함

② 질적평가: 수량화되지 않은 자료를 수집하여 귀납적으로 자료를 분석하는데 의미를 두며, 인터뷰 · 관찰 · 문헌연구 등을 통하여 수집되는 수량화할 수 없는 연성자료(soft data)에 기초하여 분석함

(4) 평가범위에 따른 분류

① 단일평가: 표적문제의 개념화 및 개입의 설계와 관련된 평가이며, 프로그램 효용성에 대한 평가를 각각 분리하여 어느 하나에 대해 행하는 평가

② 포괄평가: 표적문제의 개념화 및 개입의 설계와 관련된 평가이며, 프로그램 효용성에 대해 모두를 행하는 평가

(5) 평가시점에 따른 분류

① 사전평가: 적극적 평가, 프로그램을 실행하기 전에 수행하는 평가

② 과정평가: 프로그램이 실행되는 과정에서 이루어지는 평가

③ 사후평가: 소극적 평가, 프로그램이 종료된 후에 수행하는 평가

(6) 평가주체에 따른 분류

216

① 자체평가: 프로그램 담당자가 행하는 평가로서 많은 정보를 얻을 수 있고, 비용을 절약할 수 있으나 공정성확보에 문제가 있음

② 내부평가: 프로그램의 직접 담당자 외 조직 내 다른 직원에 의해 이루어지는 평가

③ 외부평가: 프로그램을 수행하는 조직외부의 전문가나 기관에 의해 이루어지는 평가

(7) 프로그램의 단계에 따른 분류

① 표적문제평가: 문제의 내용 · 해결 정도, 문제해결에 대한 사람들의 태도 등 평가

② 의제평가: 아젠다 형성과정의 영향력을 발휘하는 세력과 고통 받는 사람의 욕구반영 정도에 대한 평가

④ 프로그램결정평가: 문제의 반영여부와 형평성 · 능률성 · 공정성 · 기술성 등에 대한 평가

⑤ 프로그램설계평가: 문제에 의해 영향을 받는 자 · 해결대책 · 필요한 비용 · 비용조달 방법 등에 대한 평가

⑥ 프로그램집행평가: 프로그램의 수행능력, 서비스 전달체계 등에 대한 평가

⑦ 프로그램영향평가: 프로그램 이후의 효과 · 목표성취 정도 등에 대한 평가

⑧ 평가가능성평가: 프로그램이 이루어 질수 있는지에 대한 종합적인 평가, 평가의 필요성 · 평가비용 · 평가이익간의 비교, 평가실현가능성 등에 대한 평가

(8) 기타 평가

① 적합성 평가: 개별 프로그램의 평가가 이루어지기 전에 그 프로그램의 가치를 따져보는데 의미를 두는 평가

② 메타 평가: 프로그램평가를 차후에 종합적으로 검토해 보는 평가로서, 평가활동의 영향 또는 평가결과의 활용도를 파악하는 평가이며, 평가계획서나 평가결과를 다른 평가자에 의해 점검 받는 평가

※ 기준행동(Oritenion Behavior)
업무담당자들이 평가기준으로 제시된 측정 가능한 양적 지표들에 대해서만 관심을 가짐으로서, 중요한 서비스의 효과성에는 무관심하게 되는 현상을 말한다.

01) 사회복지평가의 유형에 관한 설명으로 옳은 것은?　　　　　(17회 기출)
① 총괄평가는 주로 프로그램 개발을 목적으로 한다.
② 형성평가의 대표적인 예는 효과성 평가이다.
③ 총괄평가는 모니터링 평가라고도 한다.
④ 형성평가는 목표달성도에 주된 관심을 갖는다.
⑤ 총괄평가는 성과와 비용에 관심이 크다.

☞ 해설: 총괄평가(목표 지향적): 프로그램 종결 후 결과를 평가대상으로 효과를 파악하는 것이며, 프로그램이 달성하고자 했던 목표를 얼마나 잘 성취했는가의 여부를 평가한다.

정답 ⑤

02) 사회복지 평가기준과 그 설명으로 옳지 않은 것은?　　　　　(16회 기출)
① 효과성은 목표달성 정도를 의미한다.
② 영향성은 사회집단 간 얼마나 공평하게 배분되었는가를 의미한다.
③ 노력성은 프로그램을 위해 동원한 자원 정도를 의미한다.
④ 서비스 질은 이용자의 욕구충족 수준과 전문가의 서비스 제공여부 등을 의미한다.
⑤ 효율성은 투입 대비 산출을 의미한다.

☞ 해설: 프로그램의 평가기준 참조
• 형평성: 사회집단 간 얼마나 공평하게 배분되었는가를 의미한다.
• 영향성(Impact): 프로그램의 개별성과 구분되는 개념으로 의도했던 사회문제 해결에 어느 정도 기여했는지를 파악하는 것이다.

정답 ②

제21장
|
사회복지마케팅과 홍보

1. 마케팅의 개념

1) 마케팅의 의의

① 마케팅(Marketing)이란 시장(Market)과 진행(ing)이 결합된 용어로 계속적으로 시장을 창조(creating)하고, 시장이 경직되지 않고 유연성을 갖도록 순환(circulating)시키는 노력과 활동을 의미함

② 생산자가 상품 또는 서비스를 소비자에게 유통시키는 데 관련된 모든 체계적 경영활동이라고 할 수 있음

2) 마케팅의 목적

일반기업은 이윤극대화를 최종목적으로 하지만 비영리조직인 사회복지조직은 기관이 지향하는 공익적인 목적과 가치를 달성하기 위하여 고객(클라이언트), 재원제공자, 자원봉사자, 자격부여기관 그리고 지역사회 등이 사회복지조직에 대해 좀 더 많은 관심과 요구를 갖도록 하기 위한 종합적인 제반 활동으로 볼 수 있음

2. 마케팅의 과정

1) 시장기회의 분석 ★★

(1) 기관환경분석

① 마케팅환경이란 사회복지조직이 서비스를 계획하고 제공하는 등의 관리활동에 영향을 미칠 수 있는 모든 환경으로 직접적으로 영향을 미치는 정부, 관련 사회복지시설, 고객 등 정치적 · 경제적 환경, 기술변화 등도 분석 대상이 됨

② 환경 분석과 더불어 고객의 행동 분석, 고객의 욕구 변화 파악, 사회복지조직이 제공하게 될 서비스가 시장성을 갖는지를 판단하게 됨

※ SWOT기법

경쟁이 심한 산업에서 활용하면 성공확률이 높은 기법 중 하나로 Strength(강점), Weakness(약점), Opportunity(기회), Threat(위기) 등의 분석을 통하여 생존, 유지, 성장, 발전의 전략을 수립하는 방향을 제시할 때 사용한다.

구분	Strength(강점)	Weakness(약점)
Opportunity (기회)	OS 기회가 왔을 때 살리자! 공격적으로 활용한다.	OW 기회는 왔는데 준비가 안 됨, 보완해서 기회를 활용한다.
Threat (위기)	TS 위협을 감소시킬 강점을 활용하여 이용한다.	TW 위협은 왔는데, 방어할 힘도 없다.

---

(2) 마케팅조사(시장욕구분석)

① 복지조직이 관심을 갖고 있는 특정한 사회문제를 분석하는 것과 이 문제에 대하여 지역사회의 인식과 태도가 어떠한 것인지를 파악해야 함

② 사회복지조직의 마케팅조사는 잠재적 후원자와 그들이 원하는 바를 찾아내는 작업임

(3) 마케팅 목표설정

① 조직의 목적을 살펴본 후 마케팅 기획의 초기단계에 목표가 명확히 규명되어야 하

며, 세부목표는 SMART원칙에 따라 구성되어야 함

② <u>목표달성을 위한 SMART원칙</u>

　　– 구체적(Specific)이고

　　– 측정가능(Measurable)해야 하며

　　– 달성가능(Attainable)하고

　　– 결과 지향적(Result-oriented)이며

　　– 시간제한적(Time-boundary)으로 제시하여야 함

2) 시장분석(기부시장분석) ★★

(1) 시장세분화

잠재고객들로 이루어진 전체 시장을 비슷한 특성을 가진 동질적인 여러 개의 하위집단으로 나누는 과정으로 특정제품들에 대한 태도, 의견, 구매행동 등에서 비슷한 성향을 가진 사람들을 다른 성향을 가진 사람들의 집단과 분리하여 하나의 집단으로 묶는 과정

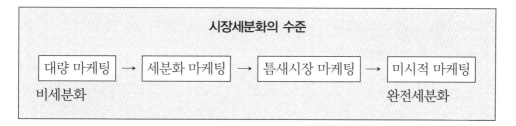

① 대량 마케팅(Mass Marketing): 제품시장 내 고객들을 구분하지 않고 전체소비자들에 대해 하나의 마케팅프로그램을 제공하는 방법

② 세분화(표적시장) 마케팅(Segment Marketing): 고객들의 욕구가 다양해짐에 따라 기업들은 일부 세분화된 시장에 마케팅 노력과 자원을 집중하여 경쟁우위를 확보하려는 접근방법을 도입하고 있음

　　예) 연령대에 따라 화장품 시장의 세분화

③ 틈새시장 마케팅(Niche Marketing): 세분화된 시장을 더욱 세분화한 보다 작은 규모의 소비자집단을 의미함

예) 30대를 겨냥한 화장품 중 주름살 제거 화장품 · 기미 제거 화장품 등으로 구분

④ 미시적 마케팅(Micro Marketing): 개별적인 고객수준에서 각 고객의 욕구에 맞춰 제품과 마케팅프로그램을 개발하여 제공하는 방법으로 소수의 거래고객들을 대상으로 하는 산업재나 소규모의 기업에서 제한적으로 적용되어 왔음

(2) 표적시장 선정(Target Marketing)

① 시장세분화를 통한 표적시장의 선정으로 고객을 세분화하고 표적고객을 선택한다는 것은 마케팅활동의 필수과정에 해당됨

② 사회복지조직이 마련한 특정 서비스를 가장 필요로 하면서, 이를 적극적으로 이용하거나 활용할 수 있는 고객들을 중심으로 시장을 세분화하고 평가를 한 후 표적시장을 선정함

③ 표적시장을 선정한다는 것은 사회복지조직의 서비스를 필요로 하거나 관심을 가지는 고객들이 누구인가를 찾아내는 것을 의미함

(3) 시장포지셔닝

포지셔닝이란 시장 내 고객들의 마음에 위치하기란 의미를 가지고 있으며, 표적시장의 고객들에게 자사제품이 경쟁제품에 비해 어떤 차별성을 갖고 있고, 고객의 욕구를 제대로 만족시켜 주고 있음을 확신시켜 주는 전략

3) 마케팅의 도구설정 ★★

(1) 인터넷모금

이용자중심의 기관 홈페이지를 개설하여 이용자가 많은 포털사이트와 협력하면서 배너교환이나 공익연계캠페인 등을 통해 후원자를 개발하는 기법

(2) ARS 모금

연말 불우이웃돕기, 수재의연금모금 등 TV 프로그램을 통해 실시되는 모금기법으로 전화 1통화당 일정금액이 기부되는 것 등

(3) 이벤트모금

이벤트를 통해 홍보를 하면서 모금을 하는 기법으로서 불우이웃돕기 연예이벤트 등

(4) 정기후원

시민사회단체의 모금방법 중 가장 바람직한 기법으로서 시민들의 안정적이면서 장기적인 자원개발기법

(5) 캠페인모금

사회복지재원의 모금을 위하여 조직적이고도 지속적으로 행하는 운동기법으로서 성공여부는 시민들의 관심과 참여를 유발하는 정도에 달려 있음

3. 사회복지조직의 마케팅과 홍보

1) 사회복지조직 마케팅 ★★
(1) 사회복지조직마케팅의 의의
① 사회복지조직은 비영리 또는 이타주의적 성향이 강하므로 마케팅은 고도의 윤리성을 기대하게 됨
② 윤리성이란 마케팅의 이념이나 목적이 윤리적 기준을 넘어서는 안 된다는 것을 의미함

(2) 마케팅의 특징
① 서비스의 무형성: 서비스는 이용자가 실제 이용을 해본 후에만 평가가 가능하기 때문에 마케팅에 어려움이 있음
② 서비스의 다양성과 복잡성: 사회복지서비스는 이용자의 개별적인 욕구를 중시하고 다양한 서비스가 제공되어야 하기 때문에 표준화된 서비스로의 대량생산이 불가능함
③ 서비스의 생산·소비의 동시발생: 사회복지조직에서는 생산과 소비가 분리되지

않는 경우가 많아 생산과 소비가 동시에 일어남

④ 서비스의 소멸성: 사회복지기관의 서비스는 상품처럼 쌓아 두거나 저장할 수 없으며, 서비스는 반환되거나 저장할 수도 없음

(3) 사회복지조직마케팅의 필요성

사회복지조직도 영리기업과 마찬가지로 소비자(클라이언트)와의 관계, 서비스의 존재, 교환의 발생, 시장 및 경쟁의 존재 등과 같이 본질적으로 유사한 성격이 많기 때문에 마케팅은 사회복지조직에서도 필요하며 중요한 의의를 갖고 있음

① 책임성의 측면: 사회복지조직은 정부의 보조금이나 기타 단체의 기부금으로 운영이 되기 때문에 서비스 제공에 있어서 효율성과 효과성을 달성할 책임을 가지고 있음

② 대상자관리의 측면: 클라이언트, 기관의 이용자, 기부자, 지역사회를 고객으로 인식하여 욕구를 세분화하고 궁극적으로 고객만족을 이끌어내는 마케팅접근이 필요함

③ 서비스개발의 측면: 사회복지조직은 특성상 외부환경의 강한 영향을 받게 되는데 급변하는 정치적 · 경제적 · 사회적 · 법적 · 문화적 환경(시장)을 세분화하고 분석하여 프로그램의 개발에 있어 서비스의 가치를 높여야 함

④ 재정확보의 측면: 사회복지조직의 목표를 달성하기 위해 필요한 재정자원의 계획과 동원, 배분, 효율적인 사용과 책임성 있는 관리는 필수적이다. 모금 시장 분석, 다양한 모금상품 개발, 전략적인 모금상품의 홍보는 물론이고 잠재적 후원자의 개발, 이미 개발된 후원자의 1:1 고객관리를 통해 모금의 극대화를 가져와야 함

2) 사회복지조직의 마케팅전략 ★★

(1) 마케팅믹스(4P)의 구성

마케팅믹스(Marketing Mix)란 표적시장에서 마케팅목표를 달성하기 위해 수단을 종합적으로 결정하는 전략을 말함

① 제품(Product): 소비자의 욕구를 충족시키는 재화를 총칭하며 물질·서비스·사람·장소·조직·아이디어 등을 의미함

② 가격(Price): 상품과 서비스에 대한 대가로 지불해야 하는 제품의 화폐가치를 말하며, 기업의 시장점유율과 수익성을 결정하는 가장 중요한 요소임

③ 유통(Place): 소비자에게 이용되어질 수 있게 만드는 장소를 의미함

④ 촉진(Promotion): 잠재고객 또는 표적시장 고객에게 어떤 제품이 얼마의 가격으로 어디에서 판매된다고 알리고 다른 경쟁제품과의 차별화를 강조하는 등의 제반 활동을 말함

(2) 마케팅믹스의 전략

① 제품전략(Product Strategy): 어떤 상품을 제공할 것인가를 고려하는 전략, 비영리 조직의 상품은 프로그램과 서비스라고 할 수 있는데 영리조직의 브랜드와 같은 상품의 구성요소를 강조함으로써 마케팅을 더욱 효과적으로 수행할 수 있음
  예) 사회복지공동모금회의 '사랑의 열매'처럼 기부문화를 확산시키는 전략

② 가격전략(Price Strategy): 가격을 어떻게 결정할 것인가를 고려하는 전략, 사회복지조직에서 제공하는 프로그램 및 서비스에 참여하거나 이를 얻기 위해 지불하는 대가를 의미하는데, 기본적으로 수요자 중심의 가격결정이 되어야 함

③ 유통전략(Place Strategy): 많은 고객이 쉽게 사회복지조직을 찾을 수 있도록 하는 전략, 중요한 것은 적극적으로 고객을 찾아 나서거나 고객이 쉽게 접근할 수 있도록 새로운 유통경로의 개발이 필요함

④ 촉진전략(Promotion Strategy): 고객에 대한 정보전달 및 설득활동을 계획하고 실천하기 위한 방안을 마련하는 전략, 기본적인 마케팅활동이며 잠재적 고객에게 서비스를 알리고 필요시에는 서비스가 제공된다는 것을 확신시켜줌

3) 사회복지마케팅의 기법 ★★★

(1) 다이렉트마케팅(DM: Direct Marketing, Direct Mail)

우편을 이용하여 고객에게 상품과 조직의 정보를 전달하는 방법으로서, 잠재적 후원자 등에게 현재의 기관운영 현황이나 이용할 수 있는 서비스와 프로그램에 대한 다양

한 정보를 전달하는 마케팅기법

(2) 고객관계관리마케팅(CRM: Customer Relationship Management Marketing)

① 신규 후원자의 개발, 기존 후원자의 관리, 잠재적 후원자의 개발을 위해 그들의 욕
구를 파악하여 이른바 '맞춤서비스'를 지속적으로 제공함으로써 모금효과를 극대
화하는 방법
② 개인은 기부를 함으로써 사회에 공헌하며, 사회적으로는 기부문화의 확산이라는
측면에서 바람직하고, 사회복지조직은 자금을 조달할 수 있다는 점에서 윈-윈 전
략(win-win strategy)을 달성할 수 있음

(3) 공익(기업)연계마케팅(CRM: Cause-Related Marketing)

① 기업이 사회복지조직에 기부함으로써 이윤을 사회에 환원한다는 철학을 달성, 사
회복지조직에 기부함으로써 기업의 이미지를 제고하여 상품의 판매를 촉진시킬
수 있는 하나의 홍보 전략이라고 할 수 있음
② 비영리조직에서 기업연계마케팅을 효과적으로 달성하기 위해서는 먼저 기업의 욕
구를 정확히 파악하고 기업의 생산성을 향상시킬 수 있는 측면을 강조하여 모금프
로그램을 개발하고 접근한다면 소위 사회복지조직이나 기업 모두 혜택(윈-윈 전
략)이 될 수 있음

(4) 데이터베이스마케팅(DM: Database Marketing)

고객의 지리적 · 인구통계적 · 심리적 특성, 생활양식 및 행동양식이나 구매기록 같은
개인적인 정보를 데이터베이스화하여 구축함으로써 수익 공헌도가 높은 고객에게 마
일리지와 같은 차별적인 서비스를 제공하는 등 개별고객의 정보를 바탕으로 동등하
지 않는 전략을 펼치는 방법

(5) 인터넷마케팅(IM: Internet Marketing)

인터넷을 통해 고객에게 정보를 전달하고 전자우편이나 홈페이지 등을 통해 이익을
극대화하는 마케팅기법으로 조직의 사업과 프로그램을 알릴 수 있는 홍보, 기부금 모

집 등이 가능하며 메일링 서비스를 통해 개별적인 고객관리를 할 수 있음

(6) 사회마케팅(SM: Social Marketing)

공중의 행동변화를 위한 마케팅기법으로 공익을 실현하기 위한 집단적이고 조직적인
노력을 의미함

4) 사회복지조직의 홍보(Public Relation; PR) ★★

(1) 홍보의 의의

① 지역사회 내 존재하는 조직과 집단 간 쌍방적 의사소통을 원활하게 만들어 주는
   것으로 조직의 이미지와 능력을 증진시키는 측면이 강함
② 사회복지조직을 둘러싼 이해당사자와 좋은 관계를 형성하는 것은 자원개발, 조직에 대
   한 지지 및 획득 등에 있어서 중요한 요소가 되는데 이를 위해서 홍보가 중요함

(2) 홍보의 필요성

① 사회복지조직에 무관심한 사회 내 그룹들에 대해 사회복지조직의 활동에 참여토
   록 유도하는 것이 필요함
② 지역사회에 사회복지조직의 활동을 전파함은 물론 조직과 조직의 사업을 이해시
   키고 여러 가지의 자원가로서의 역할 부여가 필요함

(3) 홍보활동의 매체

① 홍보매체의 의의
   홍보는 시각적 매체, 시청각적 매체 등을 다양하게 활용하고 TV, 라디오, 신문, 인
   터넷 등과 같은 대중매체를 활용하는 것이 효과적임
② 홍보매체의 종류
   - 시각적 매체: 신문, 잡지, 회보, 책자, 보고서, 유인물, 사진, 팜플렛 등
   - 청각적 매체: 이야기, 좌담, 강연회, 라디오 등
   - 시청각 매체: 영화, TV, 비디오, 인터넷, 연극, 공개토론회, 대중 집회 등

──────────── 〈 출제경향 파악 〉 ────────────

01) 사회복지 마케팅믹스(Marketing Mix)의 4P에 해당하는 것은? (17회 기출)

① 기획(plan) ② 사람(person) ③ 과정(process)

④ 촉진(promotion) ⑤ 성과(performance)

☞ 해설: 마케팅믹스(4P): 마케팅믹스(Marketing Mix)란 표적시장에서 마케팅목표를 달성하기 위해 수단을 종합적으로 결정하는 전략을 말한다.

• 제품(Product): 소비자의 욕구를 충족시키는 재화를 총칭하며 물질·서비스·사람·장소·조직·아이디어 등을 의미한다.

• 가격(Price): 상품과 서비스에 대한 대가로 지불해야 하는 제품의 화폐가치를 말하며, 기업의 시장점유율과 수익성을 결정하는 가장 중요한 요소이다.

• 유통(Place): 소비자에게 이용되어질 수 있게 만드는 장소를 의미한다.

• 촉진(Promotion): 잠재고객 또는 표적시장 고객에게 어떤 제품이 얼마의 가격으로 어디에서 판매된다고 알리고 다른 경쟁제품과의 차별화를 강조하는 등의 제반 활동을 말한다. 정답 ④

02) 다음 ( )에 해당하는 마케팅 기법은? (16회 기출)

( )은 고객들이 A기업의 물품을 구입할 경우 A기업이 그 수입의 일정 비율을 B복지관에 기부하는 방식이다.

① 공익연계 마케팅 ② 고객관계관리 마케팅 ③ 다이렉트 마케팅

④ 데이트베이스 마케팅 ⑤ 사회마케팅

☞ 해설: 공익(기업)연계마케팅(CRM: Cause-Related Marketing)

• 기업이 사회복지조직에 기부함으로써 이윤을 사회에 환원한다는 철학을 달성하는 방법으로 사회복지조직에 기부함으로써 기업의 이미지를 제고하여 상품의 판매를 촉진시킬 수 있는 하나의 홍보 전략이라고 할 수 있다. 정답 ①

제22장

사회복지조직의 책임성과 평가

1. 사회복지조직의 책임성

1) 책임성의 개념 ★★★

(1) 책임성의 의의

① 수행의 결과에 대한 책임감과 함께 조직의 효과성·효율성을 위한 과정에서의 정당성을 갖추어야 한다는 것을 의미함

② 주요 업무수행에 대한 책임을 진다는 뜻으로 쓰일 수도 있고, 어떤 집단이나 개인에 대해 책임을 진다는 의미로도 쓰일 수 있음

③ 최소의 비용으로 최대한의 효과를 이루었다는 객관적인 증거를 제시하는 것이며, 이를 통해 사회복지조직의 존립정당성을 확보하는 과정임

(2) 책임성의 기준

① 사회복지행정이념 충실여부

② 명문화된 법적기준 준수여부

③ 고객의 요구 반영여부

④ 공익의 고려여부

(3) 책임성의 유형

① 재정적 책임성: 재정집행의 투명성에 관련된 책임성

② 이미지 책임성: 수혜자의 사회적 책임 이미지의 중요성에 대한 책임성

③ 적용 책임성: 적용 대상 범위에 관한 책임성

④ 욕구 책임성: 클라이언트의 욕구에 부응, 이용자 중심의 서비스제공과 관련된 책
   임성

⑤ 영향 책임성: 긍정적 영향과 관련된 변화에 대한 책임성

⑥ 윤리적 책임성: 도덕적으로 바람직한가에 대한 책임성

⑦ 서비스전달 책임성: 자격 있는 종사자에 의해서 책임 있게 전달되는가에 대한 책
   임성

⑧ 법률적 책임성: 법적인 규정이나 계약에 준하는가에 대한 책임성

⑨ 효율적 책임성: 서비스의 비용적인 측면에 대한 책임성

(4) 사회복지조직의 책임성

① 사회복지조직이 국가나 사회로부터 사회복지서비스 전달에 대해 위임받은 바를
   충실하게 수행했는지를 판단할 수 있는 하나의 원칙

② 사회복지조직은 책임성을 확보하기 위해 기관 · 클라이언트 · 사회복지사와의 관
   계와 같은 조직내부에서의 상호작용뿐만 아니라 조직과 외부 지역사회와의 관계
   에서도 정당성을 획득해야 함

③ 사회복지조직이 책임성을 증진하기 위한 노력
   - 이해관계자들의 조직운영에 대한 참여 증대
   - 전문적이고 체계적인 평가제도의 운용
   - 재정집행의 투명성 증대
   - 환경변화에 능동적으로 대처하기 위한 조직혁신 강화

2) 책임성의 주체 및 대상

(1) 책임성의 주체

① 정부(지방자치단체): 빈곤 및 공공의료 등 사회서비스, 사회원조가 필요한 부분에서 재정정책, 법률정비, 행정적 지도 등을 통해 복지국가모델을 향한 지지적 · 정치적 노력을 해야 할 책임이 있음

② 사회복지조직: 사회복지전달체계의 하나로서 공공이나 민간의 자금을 이용하여 사회복지서비스를 직접 실천하는 곳으로 경제적 효율성 및 윤리적 책임을 다해야 할 책임이 있음

③ 사회복지전문직: 개입하는 문제에 대해 윤리적 법률적 책임을 다하고 타당성 있는 평가를 통해 효과성을 인정받고 신뢰를 얻어야 함

④ 클라이언트: 목표달성을 위한 가장 풍부한 아이디어를 가지고 있을 수 있으며, 또한 사회복지사와의 관계가 진전됨에 따라 좀 더 많은 경험과 새로운 치료기술을 쌓을 수 있고 지속적으로 계획과정에 도움을 줄 수도 있음

(2) 책임성의 대상

① 클라이언트에 대한 책임: 클라이언트의 이익을 최우선으로 서비스를 제공, 최대한 클라이언트가 자기결정을 할 수 있도록 도움을 제공, 클라이언트의 사생활을 존중하고 비밀을 보장, 서비스비용은 공정하고 합리적이며 사려 깊게 결정함

② 사회에 대한 책임: 사회복지조직들이 수행하는 모든 사업은 사회적 목표를 달성하는데 이바지할 수 있다는 것을 보여주어야 함

③ 사회복지전문직에 대한 책임: "사회복지사 윤리강령"을 준수함은 물론 사회복지전문직의 지식을 충실히 적용해 나감으로써 사회복지전문직의 효과성을 올리고, 사회복지에 관한 전문적 지식과 기술을 개발하고 발전시킴으로써 사회복지전문직의 성숙과 발전에 기여함

3) 사회복지조직의 책임성에 영향을 미치는 요인 ★★★

(1) 내부적 요인

① 서비스의 다양성: 단일한 서비스만 제공하는 사회복지조직은 드물며 현실적으로 다양한 서비스를 제공하게 되는데, 이때 사회복지조직의 책임성 추구는 쉽지 않게 됨

② 기술의 복잡성: 제공하는 기술도 복잡해지고 다양해지고 있으므로 투입과 성과에 대한 효과성과 효율성을 측정하여 책임을 다했는지를 확인할 방법이 더욱 어려워지게 됨

③ 목표의 불확실성: 사회복지조직에서 투입과 산출 간의 인과관계는 불확실하게 진행되는데, 이는 사회복지조직의 특성상 인간이 조직의 원료이며 산출물이기 때문임

(2) 외부적 요인

① 공급주체의 다원화: 사회복지 공급기관의 책임성의 문제로 비민주적 운영사례, 후원금 관리의 투명성 의혹, 모금에 대한 행정비용의 과잉지출 등을 지적받고 있음

② 민영화 경향: 시장과 시민사회의 역할이 증대되면서 사회복지조직도 민간의 위탁운영이 많아졌으며, 이때 위탁운영체가 지역주민의 욕구를 반영하기보다는 정부의 결정에 더 많은 영향을 받는 경향이 있어 비체계적이고 비효율적이라는 지적을 받고 있음

③ 법률의 정비: 민간사회복지기관과 시설은 3년에 1회 평가를 통해 책임성을 입증하도록 제도화되었음

2. 사회복지시설의 평가

1) 시설평가의 개념

(1) 시설평가의 의의

① 사회복지시설에 대한 전반적인 평가를 통하여 시설운영의 효과성·효율성·책무성 등을 체계적으로 분석하고 확인하는 과정을 의미함

② 사회복지시설의 운영상태정보를 지역사회에 제공하여 주민의 선택권 확대를 도모함

③ 사회복지시설의 기능강화를 통해 주민에 대한 질 높은 복지서비스제공에 기여함

(2) 시설평가제도 도입배경

① 사회복지사업법 개정(1997)으로 사회복지기관의 평가가 의무화됨

② 사회복지서비스 공급확대에 따른 책임성 검증도 요구받게 되었음

③ 사회복지기관들의 개방성·투명성·효율성 등의 확보방안으로 도입되었음

2) 시설평가의 목적과 기대효과 ★★★

(1) 시설평가의 목적

① 행정상의 의사결정에 도움을 받기 위함

② 조직에서 운영하고 있는 프로그램의 개선

③ 책임성의 수행, 기관외부지원을 증가시킴

④ 서비스 제공방법에 관한 지식의 획득

(2) 기대효과

① 사회복지시설 운영의 투명성제고

② 사회복지시설 운영자의 의식개선

③ 사회복지시설 운영의 질적 향상

④ 사회복지시설 운영의 관리체계 마련

⑤ 사회복지시설 운영의 객관적 기준제시

3) 시설평가의 내용 및 원칙 ★★★

(1) 시설평가의 내용

① 시설 및 환경: 안전관리, 공간배치 및 청결상태, 편의시설 설치상태 등

② 재정·조직운영: 회계관련 사항, 운영위원회 구성 및 활동 등

③ 인적자원관리: 자격증 소지율, 직원의 근속률, 직원교육활동, 직원채용의 공정성 등

④ 이용자의 권리: 이용자의 비밀보장, 이용자의 고충처리 등

⑤ 지역사회와의 관계: 자원봉사자의 활용·관리, 외부자원 개발, 후원금사용·관리 등

⑥ 프로그램 및 서비스: 프로그램의 계획 및 실행 · 참신성 · 차별성 · 전문성 · 사례관리 등

(2) 시설평가의 원칙

① 서비스의 질 향상원칙: 시설운영의 개선 및 서비스의 질 제고를 유도하는 수단으로서 작용하도록 함

② 평가절차의 투명성원칙: 평가절차의 투명성을 확보하도록 함

③ 평가참여의 원칙: 기존의 감사와는 달리 직원도 참여하며 평가를 통하여 긍정적인 발전의 기회를 갖도록 하여 평가의 목적을 수행하도록 함

④ 기본선확보의 원칙: 최고의 시설을 선정하는 것이 아니라 사회복지시설이 전체적으로 기본적인 수준 이상을 견지할 수 있도록 유도하도록 함

⑤ 이용자중심의 원칙: 사회복지시설은 기존의 서비스 제공자 중심의 시설에서 이용자 중심의 서비스 제공이 이루어지도록 함

⑥ 지역사회관계의 원칙: 사회복지시설이 지역사회와의 원활한 상호관계를 유지하는 방향으로 이루어지도록 함

4) 시설평가의 과제 ★★

① 평가지표 문항 · 기준의 정교화 및 자의적 판단의 가능성 최소화: 평가지표를 일관적 · 객관적으로 수량화할 수 있도록 각각의 영역에서 정교화를 시도해야 하며, 현실성에 있어서 수준이 너무 높거나 낮은 평가항목 내용을 수정할 필요가 있음

② 이용자 · 생활자 · 보호자의 참여보장: 이용자나 생활자는 만족도조사를 통해 가능하며, 참여자의 판단능력이 부족한 경우 보호자 등의 정기적 방문을 통해 만족도조사에 참여할 수 있음

③ 평가지표의 세분화: 서로 다른 시설에서 최대한 동일한 지표를 사용할 수 있는 시설을 묶고, 그렇지 않은 시설에 대해서는 별도의 평가지표를 개발하여야 함

④ 시설평가 중심에서 프로그램평가 중심으로 전환: 시설평가 중심이 아닌 프로그램평가를 통해서 개별 프로그램의 효과성 · 효율성에 대한 평가가 이루어져야 함

⑤ 시설실무자에 대한 지속적인 교육 필요: 시설평가는 등급을 나누는 것이 목적이

아니라 서비스 수준을 높이는 것이 목적이며, 부족한 부분을 발견하고 이에 필요한 교육을 시설운영자 및 직원에게도 지속적으로 실시하는 것이 중요함

3. 사회복지조직의 성과관리

1) 성과관리의 개념
(1) 성과관리의 의의
① 성과: 조직이 목표를 달성하기 위해 투입된 자원에 대한 결과임
② 성과관리: 조직이 목표를 달성하기 위한 계획, 자원배분, 업무수행, 성과측정 및 보상 등 전 과정을 말함

(2) 성과관리의 특징
① 활동보다 결과에 초점을 둠, 목표달성을 위한 조직 활동 관리
② 성과의 다차원적 접근: 효과성 · 효율성 · 이용자의 만족도 · 품질평가 등

2) 성과관리의 과정
① 목표수립
② 성과측정을 위한 척도 마련
③ 성과수준의 결정
④ 지속적인 관리과정
⑤ 성과에 대한 분석
⑥ 종합 및 의사소통

01) 사회복지사업법상 사회복지 시설평가에 관한 설명으로 옳은 것은?

(16회 기출)

① 보건복지부장관이 시설의 서비스 최저기준을 고려하여 평가기준을 정한다.

② 1977년 처음으로 시행되었다.

③ 보건복지부장관과 시 · 군 · 구의 장이 시설평가의 주체이다.

④ 4년마다 한 번씩 평가를 실시한다.

⑤ 시설평가결과를 공표할 수 없으나 시설의 지원에는 반영할 수 있다.

☞ 해설: 사회복지사업법시행규칙 제27조의2(시설의 평가) 참조

• 보건복지부장관 및 시 · 도지사는 법 제43조의2에 따라 3년마다 시설에 대한 평가를 실시하여야 한다.

• 제1항에 따른 시설의 평가기준은 법 제43조 제1항에 따른 서비스 최저기준을 고려하여 보건복지부장관이 정한다.

• 보건복지부장관과 시 · 도지사는 제1항에 따른 평가의 결과를 해당 기관의 홈페이지 등에 게시하여야 한다.

• (오답 풀이)

  – 1997년 사회복지사업의 개정으로 도입된 사회복지시설의 평가제도가 처음 시행된 것은 1999년이다.

  – 보건복지부장관과 시 · 도지사가 시설평가의 주체이다.

정답 ①

02) 사회복지조직이 책임성을 증진하기 위한 노력으로 옳지 않은 것은?

(11회 기출)

① 재정집행의 투명성을 높인다.

② 이해관계자들의 조직운영 참여를 늘린다.

③ 리더십 역할을 통해 조직혁신을 강조한다.

④ 조직에 대한 외부간섭을 배제한다.

⑤ 전문적이고 체계적인 평가제도를 운용한다.

☞ 해설: 조직이 외부의 책임성 요구에 부응하도록 만들기 위해 조직외부의 다양한 의견에 대해서도 적극적으로 받아들이는 자세가 필요하다.

정답 ④

제23장
|
사회복지조직의 환경

1. 조직 환경의 개념

1) 조직 환경의 의의
① 조직의 경계 밖에 존재하면서 조직 전체나 일부분에 영향을 미칠 가능성이 있는 모든 것이 해당됨
② 조직의 행위와 업적에 영향을 미치는 제도나 세력으로 조직이 직접 통제하기 어려운 성격을 갖고 있음

2) 조직과 환경의 관계
① 조직과 환경은 투입과 산출을 통하여 상호 의존성과 경계교환관계를 갖고 상호 간에 자원 의존관계를 갖고 있음
② 협력적인 호혜·공생관계를 갖기도 하고, 경쟁적인 적대관계를 갖기도 하며, 때로는 대등한 관계를 갖거나 지배 혹은 종속관계를 갖기도 함

2. 일반 환경

1) 일반 환경의 의의
① 모든 조직에 영향을 미치며 정치·경제·사회·문화·인구 및 법적 조건 등으로 사회복지기관이 자체적으로 변화시킬 수 없는 제반 환경임
② 주어진 조건으로 여겨야 하며 조직이 가질 수 있는 기회, 제약 및 선택의 범위를 규정함

2) 일반 환경의 유형 ★★
(1) 경제적 조건
① 사회·경제적 조건, 경제성장률, 실업률 등과 같은 국가나 지역사회의 일반적인 경제 상태는 조직에 직접적으로 영향을 미치게 됨
② 사회복지조직은 외부로부터 인적 및 물적 자원을 제공 받으며 환경에 의존하는 성격이 강한 조직임
③ 사회의 일반적인 경제 상태는 사회복지조직의 자원공급 및 클라이언트의 수요를 결정하는 주요 요인이 됨

(2) 인구사회학적 조건
① 연령과 성별분포, 가족구성, 인종분포, 거주지역, 사회적 계급 등은 여러 가지 인간문제 및 욕구의 발생빈도와 매우 밀접한 관계를 맺고 있음
② 여성세대주 가족, 노인층, 농어촌 거주자들은 소득 수준이 낮아 빈곤의 문제가 발생할 가능성이 높고, 아동의 수가 많은 경우에는 보육서비스에 대한 욕구가 높아지게 됨
③ 거주지역이나 사회적 계급에 따라서도 발생하는 문제와 욕구의 유형과 빈도가 달라짐

(3) 문화적 조건
① 사회복지조직에서 제공하는 서비스 형태, 클라이언트의 서비스 접근 등은 사회의

우세한 문화적 가치에 의해 민감하게 영향을 받음

② 노동윤리를 존중하는 문화에서는 노동능력이 있는 자에 대한 공공부조는 근로조건부 형식으로 제공함

③ 노동능력에 상관없이 절대빈곤에 대한 구제를 국민의 권리로 인정하는 문화에서는 노동에 대한 조건 없이 공공부조를 제공함

(4) 정치적 조건

① 사회복지조직이 가용 재정자원을 정부에 대부분 의존하고 있는 경우 자원분배를 통제하는 과정으로서 정치적 환경은 매우 중요하며 조직에 많은 영향을 미침

② 성장위주의 정치적 이념이 우세한 경우에는 사회복지조직의 자원동원에 있어 어려움이 있고 최저수준의 급여가 제공됨

(5) 법적 조건

① 수많은 법적 규제는 사회복지조직이 클라이언트에게 서비스를 제공하는 데 있어서 준수해야 할 많은 조직들을 규정하고 통제함

② 법률, 명령, 규칙 등은 사회복지의 고객선정, 장소, 계획, 서비스 기술, 재원, 인력에 중대한 영향을 미침

(6) 기술적 조건

① 사회복지조직이 제공할 수 있는 서비스의 범위는 서비스와 관련된 조직의 기술적 수준에 의해 크게 영향을 받음

② 사회복지조직에서 인간문제의 해결을 위해 사용하는 기술은 인간문제와 욕구에 대응하기 위하여 개발된 전반적인 기술수준을 반영함

3. 과업환경

1) 과업환경의 의의

① 조직의 목적달성에 직접적으로 영향을 미치는 조직 경계 밖의 요인들로 지역사회 내의 다른 조직과 클라이언트 집단을 포함함

② 과업환경은 조직이 자원과 서비스를 교환하고 조직과 특별한 상호작용의 형태를 취하는 집단들을 의미함

③ 조직 활동에 대한 인가 및 허가기관·감독기관·재원자원 제공기관·클라이언트 의뢰기관·보조서비스 제공기관 등이 여기에 포함됨

④ 사회복지조직은 과업환경의 영향을 받는 것이 일반적이며 사회복지조직이 과업환경에 영향을 미치기도 함

2) 과업환경의 유형

(1) 재정자원의 제공자

① 정부, 공적 및 사적 사회단체, 개인 등 사회복지조직의 재정자원 제공자는 사회복지조직의 유지와 발전에 가장 큰 영향을 미치는 요인임

② 우리나라 민간 사회복지조직은 정부의 재정보조에 의존하는 비율이 높아 재정적 독립성이 취약한 상황임

③ 재정자원 제공자: 중앙정부 및 지방정부, 개인·기업·사회복지재단 및 민간단체의 후원, 사회복지공동모금회의 지원, 서비스 이용자(부담) 등

(2) 정당성과 권위의 제공자

① 사회복지조직의 합법성과 권위는 법령 등에 의해 부여, 사회적 정당성은 조직이 봉사하고 있는 지역사회, 클라이언트 집단, 전문가 집단 등으로부터 나옴

② 감독기관인 보건복지부 등 관련 부처, 광역 및 기초자치단체 등

(3) 클라이언트 및 클라이언트 제공자

① 클라이언트 및 클라이언트 제공자는 사회복지조직으로부터 직접 서비스를 받고자 하는 개인과 가족 및 클라이언트를 의뢰하는 타 조직이나 집단 및 개인을 포함함

② 클라이언트 제공자는 사회복지조직의 성격과 유형에 따라 다양함

  예) 학교, 경찰, 청소년 단체, 교회, 노인복지관 등

(4) 보충적 서비스 제공자

① 인간의 문제는 다양하며 복잡하게 얽혀 있는 양상을 띠는 것이 일반적이며, 인간
　의 다양한 문제에 대하여 사회복지조직에서 모든 서비스를 제공할 수는 없음

② 보충적 서비스제공자로부터 적절한 서비스를 제공받아 통합적인 서비스가 이루어
　지도록 하는 것이 서비스의 효과성·효율성을 높일 수 있음

③ 사회복지조직은 보충적 서비스 제공자와 공식·비공식적 협조체제를 유지하여야 함
　예) 알코올 치료센터는 병원의 활동과 연계 등

(5) 조직산출물의 소비·인수자

① 사회복지조직은 사회로부터 문제나 욕구가 있는 인간을 투입하여 이들을 새로운
　사회적 지위와 신분, 변화된 인간으로서 사회로 산출하는 역할을 수행함

② 조직산출물의 소비·인수자는 이러한 변화된 상태의 클라이언트를 받아들이는
　자임
　예) 가족, 교정기관, 복지시설, 학교 등

(6) 경쟁하는 조직들

① 경쟁하는 조직들은 클라이언트와 자원들을 두고 경쟁하며, 자원에 대한 조직의 접
　근에 영향을 미치는 조직들을 포함함

② 사회복지조직과 개인적인 치료자들과 경쟁할 수 있으며, 사회복지공동모금회나
　사회복지재단의 지원을 받기 위해서는 다른 사회복지기관과 경쟁을 해야 함

4. 환경의 관리

1) 환경관리의 필요성

사회복지조직은 외부환경으로부터 취약하여 환경에 종속적 관계가 될 수 있으므로
그것을 극복하고 사회복지조직의 효과성을 발휘하기 위해서는 환경관리전략을 수립
할 필요가 있음

(1) 종속 강화조건

① 외부에서 강요하는 정책

② 서비스 사용에 대한 외부의 재량권 행사

③ 외부단위의 서비스가 크게 필요한 경우

④ 외부에서 목표를 인가해야 하는 경우

⑤ 대안들에 대한 정확하지 않은 정보

(2) 종속 상쇄조건

① 외부세력에 의해 허용된 정보

② 주요 자원의 소유

③ 대체자원이 필요한 서비스의 이용 가능성

④ 정당성을 내세울 수 있는 이념 개발

⑤ 대안에 대한 효과적인 지적 능력

2) 환경관리의 전략 ★★

(1) 환경관리전략의 의의

사회복지조직이 환경에 대한 종속관계(권위-의존적 관계)를 극복할 수 있는 전략으로 권위주의적 전략, 경쟁적 전략, 협동적 전략, 방해전략 등이 있음

(2) 환경관리전략의 유형

① 권위주의적 전략: 조직이 자금과 권위를 충분히 획득할 경우 다른 조직간 교환관계와 조건들에서 유리한 위치에 설 수 있는 경우이며, 주장이나 권력을 사용하여 다른 조직의 행동을 이끌고 명령을 내리는 전략

② 경쟁적 전략: 다른 조직들과 경쟁하여 세력을 증가시켜 서비스의 질과 절차, 행정절차 등을 매력적으로 만드는 것이며 질 높은 서비스와 클라이언트 관리, 친절한 서비스 등으로 경쟁우위 확보가 가능함

③ 협동적 전략: 다른 조직들에게 필요한 서비스를 제공하여 상호 불안감을 해소시키고, 이에 대한 보답으로 권력을 증가시키는 전략

- 전략: 두 조직 사이의 지원 혹은 서비스의 교환을 통하여 협상된 공식적·비공식적 합의

　- 연합: 여러 조직들이 사업을 위해 협동하여 지원을 합하는 전략

　- 흡수: 과업환경 내 주요 조직의 대표자를 조직 정책수립기구에 참여시키는 전략

④ 방해전략: 경쟁적 위치에 있는 다른 조직의 활동을 방해하거나 세력을 약화시키는 전략

01) 사회복지조직의 환경에 관한 설명으로 옳은 것을 모두 고른 것은?　　**(17회 기출)**

> ㉠ 인구사회학적 조건은 사회문제와 욕구를 가늠할 수 있게 한다.
>
> ㉡ 빈곤이나 실업에 대한 사람들의 태도는 정책수립과 실행에 영향을 미친다.
>
> ㉢ 과학기술의 발전 정도는 사회복지조직 운영에 영향을 미친다.
>
> ㉣ 조직에 미치는 영향에 따라 일반환경과 과업환경으로 구분할 수 있다.

① ㉢, ㉣　　　　　　　② ㉠, ㉡, ㉢　　　　　　③ ㉠, ㉡, ㉣

④ ㉡, ㉢, ㉣　　　　　⑤ ㉠, ㉡, ㉢, ㉣

☞ 해설: 조직환경의 개념 참조

• ㉠, ㉡, ㉢, ㉣ 모두 사회복지조직의 환경에 관한 설명에 해당된다.

정답 ⑤

02) 사회복지조직 환경에 관한 설명으로 옳지 않은 것은?　　**(16회 기출)**

① 조직과 상호작용하는 외부요소를 총칭한다.

② 경제적 조건은 조직의 재정적 기반 마련과 관련이 있다.

③ 조직 간의 의뢰 · 협력체계는 보충적 서비스 제공역할을 한다.

④ 법적 조건은 조직의 활동을 인가하는 기준이 된다.

⑤ 정치적 조건은 과업환경으로서 규제를 통해 사회적 기반을 형성한다.

☞ 해설: 정치적 조건은 일반 환경이며, 사회복지조직이 가용 재정자원을 정부에 대부분 의존하고 있는 경우 자원분배를 통제하는 과정으로서 정치적 환경은 매우 중요하며 조직에 많은 영향을 미친다.

정답 ⑤

제24장
|
사회복지의 변화와 혁신

1. 사회복지환경의 변화

1) 주요 환경변화 ★★

(1) 서비스공급주체의 다원화

① IMF이후 제도화된 사회복지기관 외에 종교·시민단체를 중심으로 한 민간조직들의 사회복지활동의 참여가 확대되었음

② 제한된 예산과 대상을 놓고 서로 경쟁하는 관계 속에서 사회복지시설의 비민주적인 운영사례, 후원금 관리의 투명성 의혹, 모금에 대한 행정비용 과잉지출 등 서비스의 책임성에 관한 논란이 지속적으로 제기되고 있음

(2) 급격한 사회변화

① 급격하게 변화하는 사회의 가치나 규범이 새롭게 대체되는 과정에서 사회구성원들의 부적응, 소외, 낙오 등의 문제가 심각한 사회문제로 대두되고 있음

② 이에 대응하는 사회복지서비스에 대한 사회적 욕구가 확대됨에 따라 사회복지조직의 적극적인 개입이 요청됨

(3) 책임성 및 전문성의 증대

① 사회복지서비스는 그 자체가 목적이 아닌 사회적으로 인정된 목표를 달성하는 수단으로 전문성이 요구됨

② 사회복지조직은 그들이 수행하는 프로그램에 투입된 사업비가 사회에 얼마나 공헌하고 있는가를 면밀히 검토해야 하며 이는 곧 사회복지조직의 책임성과 연관됨

(4) 민영화의 경향

① 인간의 삶에 국가의 역할과 더불어 시장, 시민사회의 기능을 강조하는 변화가 일어나면서 사회복지부문에도 민간위탁이 더욱 많아지고 있음

② 시장원리에 따른 지역사회주민들로부터 조직이 제공하는 서비스에 대한 수요가 크면 사회복지사업이 확장되고, 수요가 감소하면 축소 내지는 소멸함

(5) 주민운동 및 NGO기관의 출현

① 한국사회의 민주화 진전과 더불어 지역사회차원에서 주민운동과 공동체운동을 포함한 사회운동과 각종 NGO기관이 확산됨

② 지역사회복지와 밀접한 연관이 있는 주민운동은 지역주민들이 주체가 되어 일상생활과 관련된 요구와 이의 궁극적인 해결을 위해 전개하는 대중운동

2. 조직변화의 유발요인 및 형태

1) 조직변화의 유발요인

(1) 외부적 요인

프로그램을 둘러싼 외부자원과 영향 세력 등 환경적인 요인의 변화에 의해서 조직의 변화가 유발되는 경우

예) 공공정책이나 행정규제, 예산삭감, 인구추세(저출산 및 고령화), 사회적 가치의 변화, 새로운 기술의 출현 등

(2) 내부적 요인

① 일선 사회복지사들이 더 많은 재량권과 자율권을 요구하거나 전문직들이 클라이 언트의 관점에서 서비스 개선이나 케이스 부담의 축소 요구 등 변화의 쟁점이 나 타나는 경우

② 행정 관리자가 조직의 사기 저하, 의소소통의 문제, 업무단위들 간 갈등, 업무간 비효율적인 조정 등을 인식하고 독자적으로 변화를 추구하는 경우

2) 조직변화의 형태

(1) 목표의 변화

목표의 명확화, 목표의 우선순위 변경, 새로운 목표의 추가, 목표의 이념 변경이 포 함됨

(2) 절차상 변화

① 내부적인 절차상의 변화는 조직 내 권력 구조의 변화, 직원들의 역할 구조의 변화, 보상구조의 변화, 의사소통 구조의 변화 등을 들 수 있음

② 외부관계에서 절차상의 변화는 이해집단 간 의사소통의 원활함과 목표를 공유 하고 자원의 교환을 위해 조직간 상호 의존해야 하는 역동성에 대한 변화를 의 미함

(3) 프로그램의 변화

프로그램이 더욱 효과적일 수 있도록 서비스를 추가하거나 수정 또는 변경시킬 수 있 는 변화를 의미함

3) 조직변화의 저항요인 ★★★

(1) 과거의 경향

조직의 일반적인 성향은 변화를 싫어하고 현 상태를 안정되게 유지시키려는 경향이 있음

(2) 매몰비용(sunk cost)

① 업무를 개발하고 유지하는 데 이미 소요된 비용·시간·노력 등 투자비용을 의미함

② 현재의 방식을 개발하기 위해 투자된 많은 시간과 노력, 관련 금액, 에너지, 어려움 등

(3) 의사소통

제안된 변화에 대해 잘못 이해할 때 또는 부적절하게 알려질 때 저항이 발생됨

(4) 주관적인 요인

① 모르는 분야에 대한 두려움이 발생하는 것을 말함

② 자신에게 이익이 되지 않으면 변화하려 하지 않으려는 이기주의

③ 자기의 업무와 환경을 스스로 통제하기를 원하는 점 등

4) 변화에 영향을 미치는 선행요인 ★★

(1) 개인적 수준

① 일반 조직구성원의 특성 중 자신이 맡은 업무에 대한 보유능력과 혁신에 대한 태도

② 리더의 특성 중 혁신에 대한 강력한 의지와 성공할 수 있다는 확신

(2) 조직적 수준

① 조직구조의 유기성: 조직구조의 수평적 분화, 비공식화, 비집중화는 적응을 촉진함

② 조직의 설립연령: 조직구조의 관료화 정도, 관리방법의 차이는 변화에 영향을 줌

③ 조직의 문화: 조직 구성원들의 생각, 의사결정, 행동에 방향과 힘을 부여함

④ 조직의 보상체계: 보상체계가 혁신을 고무시키는 역할을 함

⑤ 조직의 전략: 조직의 목표와 세부 실행방안의 구체화 정도는 변화의 배경이 됨

⑥ 조직의 규모: 조직규모가 작을수록 혁신에 유리, 변화에 신속한 대응과 적응이 가능함

(3) 환경적 수준

① 조직에 속해 있는 산업과 시장구조가 변화에 영향을 미침

② 조직을 둘러싼 환경의 급격한 변화는 조직의 변화가 필요하다는 단서를 제공함

3. 사회복지제도 및 환경의 변화

1) 사회복지제도의 변화 ★★★★

(1) 사회복지시설평가의 강화

① 사회복지사업법 개정(1997), 사회복지기관(시설)은 정기적인 평가를 의무적으로 받게 됨

② 사회복지기관의 효과성·효율성에 관한 지역사회의 요구가 점점 높아짐

③ 국가의 재원지원에 있어서도 좀 더 엄격하게 재정사용을 관리하고자 하는 경향이 증대함

(2) 사회복지전달체계의 변화

① 주민생활지원 서비스의 강화를 위해 동 주민센터를 복지중심기관으로 육성하고 있음

② 지역사회보장협의체는 지역사회의 복지서비스를 체계화하고 연계하는 기능을 함

③ 지역복지서비스 연계와 조정을 위한 기반을 마련하도록 시·군·구에 "희망복지지원단"이 설치됨

(3) 사회복지전문성의 강화

① 사회복지시설의 운영에서 사회복지전문가가 중심이 되어야 한다는 인식이 폭넓게 확산됨

② 동시에 사회복지전문가의 질적 수준이 향상되어야 한다는 요구도 높아지고 있음

③ 사회복지사 자격기준이 강화되어 2003년부터 사회복지사1급 자격시험을 실시하여 좀 더 엄격하게 자격을 관리함

④ 전문가로서의 기술과 자격을 충분히 습득하도록 하기 위한 보수교육의 법제화, 전

문사회복지사 자격기준의 논의 등 다양한 측면에서 전문직을 강화하려는 노력들이 나타남

(4) 사회복지평가제도의 도입
① 사회복지서비스 분야의 양적 팽창과 함께 대규모 자원과 인력이 투입되므로 이에 대한 효과성을 검증해야 한다는 압력이 증가됨
② 한정된 자원과 효율성의 원칙 강조, IMF 외환위기 이후 나타난 구조조정의 압력 등 사회복지평가의 필요성에 대한 사회복지계 내부의 이해도 확산됨

2) 사회복지환경의 변화 ★★★★
(1) 민간부문의 변화
① 지역 중심 강화(탈시설화): 시설복지에서 지역복지로 전환하여 다양한 지역사회내의 자원을 활용하기 위한 노력이 증가하고 있음
② 소비자 주권: 공급자 중심에서 클라이언트 중심으로 전환되고 소비자의 주권에 대한 인식이 점점 더 높아지고 있음
③ 수요 중심: 제공자 중심 복지에서 수요자 중심 복지로 패러다임이 변화되고 있음
④ 기관(시설)의 개방화 · 투명화: 사회복지기관(시설)의 개방화와 투명한 운영의 요구가 높아지고 있으며 이에 대한 사회의 요구를 수용하고자 노력하고 있음
⑤ 자립 중심: 원조 중심에서 자립 중심으로 전환이 강조되고 있으며, 다양한 사회문제 및 클라이언트의 욕구를 충족시키기 위한 창의적인 프로그램 개발의 노력이 증가되고 있음
⑥ 민영화: 사회복지서비스 분야에서의 민영화와 경쟁성의 강화 노력이 증가되고 있음
⑦ 기업경영론의 확산: 사회복지조직의 운영에 있어서도 기업경영관리기법의 도입, 마케팅의 활성화, 품질관리의 강화, 산출에 대한 강조 등 시징의 경쟁적 구소에 적합한 조직운영이 모색되고 있음

(2) 공공부문의 변화

① 효과적 정책수립을 위한 포괄적 시각의 확보가 필요하며, 서비스 중복과 비효율적인 자원 활용문제의 극복이 요구됨

② 서비스의 지역적 편중 완화, 즉 중소도시, 농어촌지역의 서비스 부족현상 해결이 요구됨

③ 사회복지행정관련 예산집행의 포괄성을 확보하여 신속하고 융통성 있는 집행이 요구됨

3) 사회복지조직변화의 혁신

(1) 위계적 형태에서 유기적 형태로의 전환

① 환경의 변화가 급속하게 진행되는 경우에 조직은 그에 적응하기 위해 유연하고 유기적인 조직구조를 갖추는 것이 필요함

② 외부환경의 변화들이 조직 내에서 보다 공개적이고 자유롭게 이루어지며 그로부터 새로운 전략을 도출하기 위해서는 느슨한 결합을 통한 유기적 구조가 적합함

(2) 관료제 중심구조에서 소규모임무 중심(Task Force) 구조로의 전환

① 관료제 중심구조는 안정적인 환경에 대한 반응에서 효율성을 발휘할 수 있으나, 변화가 심한 환경에서는 둔감성을 나타낼 수밖에 없다. 따라서 변화하는 환경은 소규모임무 중심 구조가 보다 적합함

② 임무위주의 한시적 구조는 운영에 있어서의 유연성과 변화에 대한 적응, 자원제공자와 클라이언트로부터의 즉각적 · 직접적인 피드백의 수용을 가능하게 함

(3) 전문직 중심구조로의 전환

① 사회복지조직을 포함한 휴먼서비스조직에 있어서 전문직의 비중이 증가하고 있음

② 전문직들은 보다 많은 자율성과 의사결정에 있어서의 참여와 권한을 요구하게 됨

③ 조직이 전문직들로 구성되면 조직 내 혹은 조직들 간에 인력의 유동성이 커지게 되고, 이는 곧 개별 조직들 단위의 엄격한 경계가 허물어질 수 있음을 의미하기도 함

(4) 환경-조직 관계에서의 리더십의 역할 강조

① 사회복지조직의 효과적인 변화와 적용, 혁신을 위한 주요 변수로서 리더십의 역할이 강조됨

② 외부환경의 요소들이 조직의 목적 · 구조 · 과정에 많은 영향력을 행사하는 사회복지조직에서는 리더십이 특히 강조될 수밖에 없음

01) 최근 한국 사회복지행정의 추세에 관한 설명으로 옳지 않은 것은?

(16회 기출)

① 민간부문과 공공부문의 협력이 강조되고 있다.

② 이용시설보다는 생활시설 중심의 보호가 강조되고 있다.

③ 공공성 강화방향으로 전달체계 개편이 이루어지고 있다.

④ 영리기관의 전달체계 참여가 증가하고 있다.

⑤ 지역사회 중심으로 서비스를 통합하고 있다.

☞ 해설: 최근 우리나라 사회복지서비스는 생활시설보다 이용시설 중심의 보호가 강조되고 있다. 특히, 탈시설화와 더불어 지역사회의 중심의 사례관리, 돌봄서비스, 활동지원 서비스 등 이용시설서비스 또는 재가서비스 중심으로 재편되고 있다.

정답 ②

참고문헌

• 강용규 외. 『사회복지행정론』. 서울: 공동체, 2013.
• 김영종. 『사회복지행정』. 서울: 학지사, 2008.
• 배은영 외. 『사회복지행정론』. 서울: 공동체, 2010.
• 사회복지고시연구회. 『1급 사회복지사 수험서』. 서울: 양서원, 2007.
• 사회복지교육연구센터. 『사회복지행정론』. 서울: 나눔의 집, 2019.
• 생각의마을. 『에쎕사회복지행정론』. 서울: 공동체, 2019.
• 신복기 외. 『사회복지행정론』. 서울: 공동체, 2015.
• 신창식. 『사회복지행정론』. 서울: 교육과학사, 2013.
• 심상오. 『사회복지정책과 제도』. 서울: 법학원, 2017.
• 심상오. 『사회복지학개론』. 서울: 법학원, 2017.
• 심선경 외. 『사회복지행정론』. 서울: 공동체, 2014.
• 양승일 외. 『사회복지행정론』. 서울: 동문사, 2009.
• 어대훈. 『사회복지정책과 제도』. 서울: 공동체, 2014.
• 오세영. 『사회복지행정론』. 서울: 신정, 2014.
• 원석조. 『사회복지행정론』. 서울: 양서원, 2013.
• 이목훈. 『새사회복지행정론』. 서울: 대왕사, 2008
• 이봉주 외. 『사회복지행정론』. 서울: 나남, 2012.
• 정무성 외. 『사회복지행정론』. 서울: 학현사, 2009.
• 최성재 외. 『사회복지행정론』. 서울: 나남출판, 2005.
• 함수연 외. 『사회복지행정론』. 서울: 공동체, 2014.
• 홍봉수 외. 『사회복지행정론』. 서울: 공동체, 2013.
• 국가법령정보센터(http://www.law.go.kr)
• 네이버 지식백과(http://terms.naver.com)
• 보건복지부(http://www.mohw.go.kr)
• 한국사회복지사협회(http://www.welfare.net)
• 한국사회복지협의회(http://kncsw.bokji.net)